LA MÈRE

CHEZ

CERTAINS PEUPLES DE L'ANTIQUITÉ.

—▷★◁—

LA MÈRE

CHEZ CERTAINS PEUPLES DE L'ANTIQUITÉ

PAR

A. GIRAUD-TEULON FILS

———

PARIS

ERNEST THORIN, LIBRAIRE-ÉDITEUR,
Boulevard Saint-Michel, 58.

—

LEIPZIG

F.-A. BROCKHAUS, LIBRAIRE

—

1867.

———

LA MÈRE

CHEZ

CERTAINS PEUPLES DE L'ANTIQUITÉ.

—

(Das Mutterrecht, eine Untersuchung ueber die Gynaikokratie der alten Welt, nach ihrer religioeseu und rechtlichen Natur. von. J.-J. Bachofen. — Le droit de la mère, recherche sur la gynécocratie du monde ancien, d'après sa nature religieuse et juridique, par J.-J. Bachofen. — Stuttgart. 1861).

L'homme a-t-il toujours exercé sa puissance sur la femme et joui d'une condition sociale privilégiée ? Le type de l'Homme-Roi, souverain dans l'Etat, grand-prêtre de la famille, dominateur de ses fils, et monarque par droit divin régnant sur sa compagne ainsi qu'un dieu-mâle, doit-il être accepté comme un axiome historique ? Une loi de nature, souvent invoquée, la force physique du mâle et son intelligence plus grandes a-t-elle, à

(1) Les pages qui suivent sont extraites d'une étude plus importante sur le même sujet. Obligés à une esquisse rapide, nous craindrions que l'insuffisance des preuves et des textes allégués, n'imprimât à notre présentation une couleur paradoxale, absolument contraire à la vérité, si nous n'avertissions que notre but a été d'exposer simplement et sommairement une thèse nouvelle, non de prétendre la démontrer. Le lecteur n'a donc à chercher ici ni enchaînement des faits, d'après l'ordre des temps, ni discussion scientifique proprement dite.

l'aurore de la famille, remis la toute-puissance au mari, et nécessairement institué le despotisme paternel ?

Contrairement à l'opinion accréditée, il semblerait résulter de travaux très-sérieux, que toute société humaine, en particulier la famille, n'a pas invariablement débuté dans le monde social et régulier, par la prédominance du droit du père. A un certain âge de l'humanité, — ou peut-être chez certaines races, mais fort étendues, — des faits incontestables témoignent de l'existence d'un ordre de famille fondé sur la prééminence absolue de la mère, au nom d'un droit religieux et civil. Le pouvoir de l'homme dans la famille ne serait que l'œuvre d'un progrès postérieur, et le père comme le mari ne devraient leur puissance qu'à un droit de conquête.

Cette supposition, aussi hardie que nouvelle, conçue indépendamment de toute intervention spéculative, est l'œuvre d'un savant professeur de Bâle, M. Bachofen, bien connu en Allemagne par ses travaux sur le droit romain et l'antiquité classique. Son livre du *Droit de la Mère*, produit d'un savoir et d'une érudition immenses, mais dont la lecture laborieuse a souvent éloigné le public, ouvre des horizons inconnus sur les origines de l'histoire. Analysant dans leur essence constitutive, les mythes les plus anciens du monde classique et de l'Orient; rassemblant les fragments les plus divers empruntés à l'art, aux religions, aux voyageurs et aux écrivains de tous les temps, M. Bachofen est parvenu, par la *constitution juridique* de la famille, à retracer le tableau d'une société éteinte. Au rapprochement d'un nombre considérable de faits, un système logique s'est édifié sous ses mains en opposition formelle avec nos idées reçues, — système dont les traits essentiels s'offrent sous un aspect purement objectif, et où l'hypothèse atteint ce degré de probabilité qui lui donne rang dans la science. Nous ne craignons pas d'avancer que les documents exhumés du passé par le jurisconsulte bâlois sont d'une importance telle, que si on leur refuse l'interprétation proposée, ils réclament du moins une solution que la philosophie actuelle de l'histoire est impuissante à leur offrir. — Si M. Bachofen a été le premier à formuler la thèse d'un état social primitif, différant des évolutions postérieures de l'humanité, il a été cependant précédé dans cette voie par notre savant compatriote M. le baron d'Eckstein. Celui-ci avait déjà constaté chez certaines races les formes de sociétés dont nous allons nous occuper, sans donner toutefois à ces ingénieux aperçus l'importance historique que les recherches de M. Bachofen semblent devoir leur assigner. — C'est à l'aide d'emprunts faits à M. d'Eckstein, et de certains éléments personnels, que nous donnerons ici un exposé très-succinct de ce merveilleux droit du plus faible, du droit de la femme dans les vieilles sociétés.

Mais d'abord, nous avouerons que nous ne pouvons généraliser la thèse du droit maternel comme l'entend M. Bachofen. Les témoignages scientifiques nous paraissent plutôt attester l'existence de lois particulières à certaines races que celles d'un état rudimentaire de l'humanité elle-même. Sur toute la surface du globe, l'homme, dans son enfance, a probablement passé par une phase de la famille fort différente de celle qu'il traverse aujourd'hui ; cependant, l'état actuel de nos connaissances ne permet pas d'élever cette proposition à la hauteur d'une formule générale pour toutes les races. Si l'on consulte, entr'autres, les origines indo-européennes, on demeure convaincu que les Arŷas, avant de quitter leur berceau, possédaient en germe le même génie d'institutions qu'ils ont développé ultérieurement (1). Chez eux et les Sémites, le principe de la prédominance exclusive du mâle semble manifestement établi dans l'ordre civil et politique. Mais, sous les conquérants Arŷas et Sémites s'étend, suivant l'heureuse expression de M. d'Eckstein, un *humus scientifique* qu'il importe de déblayer et d'analyser. Sous cette couche d'êtres humains, d'autres races ont vécu, dont nous rechercherons plus tard les caractères ethnologiques, remplissant à un âge antéhistorique de vastes espaces du globe et obéissant à des lois qui,

(1) Ainsi, nous ne pouvons tomber d'accord avec le savant allemand, quand, opposant l'époque pélasgique, à celle qui l'a suivie, il paraît penser que les Hellènes ont modifié leur organisation primitive pour adopter la forme patriarchale. Les ancêtres des Grecs ont, croyons-nous, apporté dans leurs invasions, leur droit de famille tout formé.

si elles n'ont été générales, ont régné du moins sur d'immenses étendues. Leurs civilisations reposaient sur le *droit de la mère*, sur la prééminence de la femme dans la famille, dans la religion, dans la vie civile, et quelquefois même dans l'Etat.

En affirmant leur existence, les travaux dont nous parlons ont, en outre, démontré que la prépondérance de l'homme ne s'est établie chez ces peuples qu'à la suite de transformations séculaires ; la puissance paternelle y semble le résultat non d'un droit naturel, mais d'une conquête et d'une conquête rarement pacifique. Cette dernière circonstance nous paraît même avoir dû tenir une place plus grande qu'il ne ressort des conclusions de M. Bachofen. Le droit maternel est plus encore l'attribut d'une grande race, presque partout vaincue, que celui d'une période obligée de la civilisation de l'espèce, ainsi que notre auteur le pense. Quoi qu'il en soit, cet éminent historien du droit démontre invinciblement la superposition du principe paternel et marital du monde grec et romain, à une couche gynécocratique : superposition constamment violente dans son établissement, et preuve irrécusable de la succession de deux périodes distinctes dans la vie des peuples.

Au sentiment de M. Bachofen, la formation de la famille, œuvre accumulée des siècles, n'est arrivée que lentement à son expression définitive (1). Les alliances sans durée, le mélange libre et confus des sexes, indépendamment du degré de parenté, souvent la publicité des accouplements, ont régi les premières agglomérations humaines, dont la première loi organique fut la communauté des biens, des enfants et des femmes. Cette promiscuité même paraîtrait avoir été le seul lien réel des rassemblements les plus anciens. Dans les tribus où cette possession en commun se limitait à la peuplade, et où l'on ne concevait d'autre adultère que l'union avec un étranger à la tribu, nous

---

(1) Cette étude sommaire heurte, dans sa route, tant de questions non résolues, que, pour oser l'entreprendre, nous réclamons du lecteur une indépendance entière des doctrines reçues, que rien, jusqu'ici, n'avait inquiété dans leur tranquille empire.

reconnaîtrons sans peine un progrès. La famille cherche à se constituer. C'est à une époque, relativement plus récente, que cette communauté, d'abord restreinte à un groupe, à une parenté, à une famille, se convertit en alliance avec un seul individu : et, lorsque cette union, temporaire à l'origine, devint enfin définitive, elle se trouva soumise à de bizarres restrictions. Ce n'est que très-tard que la société humaine parvint au mariage véritable, tel que nous le comprenons, c'est-à-dire déterminé par l'exclusivisme.

Les données de l'histoire sont en harmonie avec ces propositions. Les Massagètes, les Nasamons, les Auséens, les Garamantes vivent en pleine promiscuité ; certains peuples Ethiopiens apportent, ébauche informe d'un premier progrès, une entrave à la loi de l'accouplement sans limites : ils restreignent l'hétaïrisme de la femme à la première nuit des noces. Les Babyloniens enfin, les Locriens, les Etrusques, etc... nous offrent une longue liste du même ordre.

Cependant, ce n'est pas sans quelque peine que nous apercevons le point de départ des unions restreintes. Comment, en effet, l'humanité, s'arrachant à sa propre fange, a-t-elle pu s'élever au mariage ? C'est, selon toute apparence, dans une réaction accomplie par la femme, blessée à la fois dans sa dignité et dans son amour maternel, qu'il faut chercher l'origine de ce progrès. Dans les misérables accouplements, où régnait la promiscuité, la femme, livrée à la mésusance de l'homme, ressentit l'impérieux besoin de sortir de cette honteuse condition. Simple instrument de satisfaction brutale pour le mâle, à ces époques sauvages, elle ne jouait un rôle qu'au moment de l'accouplement, et sa grossesse la reléguait dans une situation inférieure. Sa pensée tout entière tendit donc à la conquête d'un individu qui la protégeât pendant sa maladie et l'éducation de l'enfant, et, à force de dévouement, de tendresse, de services rendus, de vanité flattée, elle se l'attacha. Il est naturel de supposer que lors des anciennes luttes pour l'existence, victime plus exposée et plus souffrante que l'homme, la femme chercha la première une association durable.

Un emprunt fait à Strabon va jeter quelque jour sur la vie de ces communautés hétériennes. Nous pouvons, pour ainsi dire, y saisir sur le fait la révolte féminine. Le voyageur ancien parle de peuples africains chez qui tous les membres d'une même famille ont une propriété commune : « Ils ont, dit-il, une seule » femme à eux tous. Le premier qui arrive entre et cohabite avec » elle, ayant le soin de laisser son bâton devant la porte. Ils » punissent de mort l'adultère, mais l'adultère n'a lieu que dans » le cas d'une union avec un individu d'une autre tribu. Un de » leurs rois avait une fille d'une grande beauté, et quinze fils qui » tous aimaient leur sœur, et la visitaient l'un après l'autre. » Celle-ci, fatiguée, eut recours à la ruse suivante. Elle confec- » tionna des bâtons pareils à ceux que portaient ses frères. Lors- » que l'un d'eux s'absentait, elle plaçait devant sa porte le bâton » correspondant au sien, le renouvelant avec soin et veillant à ce » que celui dont c'était le tour, ne trouvât jamais le sien propre. » Mais un jour qu'ils étaient tous réunis sur la place publique, » l'un d'eux voulut la visiter et trouva son propre bâton devant » la porte. Croyant à un adultère, il courut chercher son père, » et la ruse se découvrit... »

Cette jeune fille qui cherche son repos dans la ruse, n'est-elle pas l'expression saisissante d'un état social rebutant? Le mâle abuse, la femme réagit. Le mariage semble bien avoir été partout le résultat d'une résistance continue et consciente de la femme, contre l'hétaïrisme qui l'avilissait. Par quels moyens ; au travers de quels milieux sociaux, et suivant quelle progression historique? C'est ce qu'il est presque impossible de déterminer dans la nuit des âges. Mais, les épaves de ces formes primitives de société sont assez nombreuses pour nous faire admettre avec M. Bachofen, que la famille basée sur le mariage n'a été obtenue qu'à la suite d'une longue action du temps.

Cette ancienne famille, l'objet principal de notre étude, est en dépendance immédiate d'un système religieux que nous appellerons *Démétérien*. Le droit de Démèter, preuve éclatante d'un progrès, exige, pour être apprécié, la supposition d'un état antérieur plus rude dont il ait triomphé. Sinon, comment comprendre

la loi fondamentale du mystère religieux, la chasteté matrimoniale? Comment expliquer ce fait que le mariage s'offrit d'abord,
dans les plus anciennes doctrines religieuses , comme une
atteinte à un commandement de la religion , comme un préjudice
causé à une divinité dont il a blessé les lois par l'exclusivisme?
L'homme ne parut pas, dès le début, admettre que ce fût pour la
consigner entre les bras d'un seul, que la nature avait répandu
tant de charmes sur la femme : la loi de nature admet difficilement les limites et supporte mal les chaînes.

C'est ce droit nouveau de la femme qui a laissé dans l'histoire
ses singulières marques. Les Thraces, par exemple, nous offrent
le spectacle de la coexistence d'un mariage sévère et de l'hétaïrisme des jeunes filles. Quoiqu'il soit rebutant de donner à cet
état social le nom de progrès, cette idée est probablement la
vraie. Dans les lentes transitions que subit la famille avant de
se formuler sous la protection et l'autorité du père, de longs âges
historiques se sont écoulés et des peuples entiers ont vécu
sous des lois scandaleuses pour notre monde moderne. La
nation civilisée par excellence, la Grèce antique, nous révèle
dans ses mythes, ou plus exactement dans ses usages religieux,
les mêmes modifications du principe de la famille. La loi de
l'hétaïrisme s'y présente (et non par exception) comme une
transaction entre le droit naturel de la femme et un principe
nouveau. D'après le droit naturel, la femme est une *Acca Laren-
tia ;* elle suit la loi de la Terre, sa Mère — Démêter (*Gê, Mêtêr*)
et a le même objet, la fécondation. La chasteté matrimoniale qui
va emprisonner la liberté des unions doit s'acheter par un sacrifice, une promiscuité momentanée. La nécessité d'expier par une
période d'hétaïrisme l'infraction à la loi religieuse et de regagner
par ce moyen le bon vouloir de la divinité, réunit ce qui semble
devoir le plus s'exclure, la prostitution et la chasteté : un emploi
préalable de la destination naturelle de la femme devint une
garantie de la sévérité matrimoniale.

Les progrès lents du principe démètérien se constatent cependant successivement. Le sacrifice annuel expiatoire n'a plus lieu
à une certaine époque, que par une prestation unique. Plus tard,

de l'hétérisme des matrones on passe à celui des jeunes filles , et l'expiation pendant le mariage se change en un sacrifice avant les noces. Enfin, on voit, comme à Corinthe, des hiérodules spéciales se charger à elles seules du devoir commun, et délivrer par leur sacrifice l'ensemble des femmes de toute contribution personnelle. En dernier lieu, les femmes de la colonie d'Epizéphyre en arrivent, lorsqu'elles sont obligées à l'accomplissement du sacrifice personnel, à le remplacer par un simple simulacre (1).

Ce droit nouveau de la femme, manifesté de la Religion, la famille et l'Etat, a pour traits saillants, la transmission du nom par la mère, l'héritage passant de la mère aux filles (2), enfin la puissance sur les enfants exercée par la mère seule. Nous désignerons cette forme particulière de société par le mot de gynécocratie, qui nous évitera des longueurs et des périphrases. La dernière période de ces sociétés gynécocratiques fut signalée par leur lutte avec un principe nouveau, expression d'une civilisation supérieure, qui détruisit l'ancien ordre de choses, par l'établissement de la puissance paternelle.

(1) Dans de nombreux pays il y avait un lieu spécial consacré à l'hétairisme. A Babylone, le temple de Mylitta; en Elide, le βαδυ (Paus. 5, 3, 3); en Epire, le γλυκίς λιμήν (Strab. 7, 324); à Samos, à Alexandrie, le λαύρα; chez les Lydio-Sardes, le γλυκύς ἄγκων ou l'ἀγνέων, etc., etc...

(2) On peut trouver dans ces conditions sociales l'origine des institutions de la dot. L'exercice hétairien était accompagné d'une redevance en argent. Il fut difficile au principe démètérien de s'affranchir de cette idée de gain personnel , de biens acquis et individuels, permettant le mariage, l'hétairisme étant depuis longtemps la seule base de l'établissement final des filles. Pour détruire l'hétairisme dans sa source, il fallut donc que la famille pourvût elle-même à cet établissement. De là, l'origine de la dot; de là, chez les anciens, le mépris de l'*indotata*, qui ne valait guère mieux que la concubine. On comprend aisément quel intime rapport avec les idées démètériennes avait l'héritage exclusif des filles, quelle influence morale devait avoir chez ces peuples l'institution de la dot. « Le fils, disent les vieux témoignages, hérite de l'épée de son père, et n'a pas besoin de plus pour assurer son existence. La fille, au contraire, si elle n'hérite pas, n'a que sa beauté pour gagner quelque fortune au profit de son mari. »

Le point de vue originaire de la dot est connu : *Tusco more tute tibi dotem quœris corpore* , que nous traduirons par ce vieil adage populaire : Au coucher femme gagne son douaire.

De nos jours encore, dans plusieurs îles Grecques, le bien de la ligne féminine passe aux filles sous le nom de *dot* (Lesbos). La fille enfin, à l'ouverture de la succession, prend pour elle toute la *dot* de sa mère, dût-elle absorber l'héritage entier.

II.

Mais, avant d'aller plus loin, ne sont-ce pas là de vaines spéculations? L'histoire a-t-elle conservé des traces de ce grand fait social? En a-t-elle gardé le souvenir? C'est ce qu'il importe d'examiner. Un coup-d'œil premièrement sur les anciens mythes religieux.

Il serait superflu aujourd'hui de chercher à établir que, dans toute atmosphère religieuse, le Dieu n'est qu'un mirage des formes d'ici-bas. Créé peu à peu sous l'empire de considérations objectives, le Dieu, à un moment donné de l'histoire d'un peuple, s'offre comme un idéal proposé, et comme tel, se trouve soumis aux modifications ultérieures de ses créateurs.

Son anthropomorphisme nous frappe en tous temps, en tous lieux. Le Jéhovah des Hébreux est un type assyrien ; l'Odin Scandinave, un modèle guerrier. La figure céleste a été jusques-là d'affecter la forme physique elle-même, puisque, affublée d'un sexe, toujours elle s'annonce, femme ou homme, déesse ou dieu, Isis ou Jupiter. Fait à l'image de l'homme, le Dieu est donc précieux pour l'historien, car, ainsi qu'un nuage éclairé après le coucher du soleil, il peut encore réfléter un monde disparu et enfoncé dans la nuit des âges.

Les grandes civilisations antiques, déjà elles-mêmes à de prodigieuses distances des premiers pas de l'homme sur la terre, ont été le foyer de conceptions religieuses plus intenses que les nôtres. Les Dieux ont alors symbolisé, avec une force amoindrie dans nos races, l'idée vitale, organique, de l'état social environnant. Tout être divin, au caractère nettement déterminé, a personnifié l'idée fondamentale de la société où il a vécu. Il est bien quelque peu contraire aux habitudes de l'esprit moderne, de rattacher le monde positif au monde religieux, et volontiers les considère-t-on comme des oppositions. Mais n'oublions pas que ce progrès est récent et que, dans le passé, une révolution dans l'Olympe a toujours eu pour signal une révolution sur la Terre.

Ajoutons que, lorsque, décrépit dans son immobile grandeur, un Dieu plus ancien est brusquement destitué par un Dieu plus jeune, et qui correspond aux conditions nouvelles de la société, il n'est pas rare de retrouver, relégué dans le voisinage, l'ancien Dieu, qui a pris un rang secondaire, mais n'a pas complètement disparu.

A l'époque même la plus brillante de l'hellénisme, on aperçoit encore les dernières traces d'un conflit céleste. Un écho lointain vient révéler dans Eschyle une puissance vaincue et des dieux humiliés : « O Dieu nouveau qui détruis l'ancienne loi! » telle est la donnée fondamentale de l'Orestéide. Le grand poète, pareil aux bardes de la Judée, instructeurs de leur peuple, rappelle au sien quel fut son passé, quel doit être son but, et ajoute la mémoire des anciennes victoires au souvenir des triomphes récents, à la défaite des Perses.

Oreste, pour venger son père, a tué sa mère. Est-ce un coupable, est-ce un juste? Faut-il punir un meurtrier ou acquitter un héros? Le droit de la mère est-il supérieur à celui du père? — Le procès s'engage sous les auspices d'Athênê, devant les plus intègres de la cité. La justice, (une justice d'hommes), va décider lequel du père ou de la mère a la valeur la plus grande pour la société ; lequel, dans la famille, se rattache à l'enfant par des liens supérieurs.

Les Erinnyes se présentent contre le meurtrier, exigeant une condamnation qui vengera Clytemnestre, tandis qu'Apollon et Athênê, défenseurs d'Oreste, réclament son acquittement. Or, un trait saillant caractérise ces derniers : le poète les représente comme inaugurant un droit nouveau, qui détruit l'ancien état des choses. Les Erinnyes engagent le débat par cette apostrophe : « Roi Apollon, commande aux lieux où tu règnes, dis, qu'as-tu » à démêler ici? » Et s'adressant à Oreste :

ERINNYS.

« Le Dieu devin est-il celui qui t'a poussé au meurtre de ta » mère ? »

ORESTE.

« Oui; aussi, jusqu'à ce jour, ne me suis-je point plaint de mon
» destin. »

ERINNYS.

« Bientôt, quand l'arrêt t'aura condamné, tu parleras autre-
» ment. »

ORESTE.

« J'ai confiance : du fond de son tombeau, mon père m'envoie
» du secours. »

ERINNYS.

« Espère dans les morts, toi qui as tué ta mère. »

ORESTE.

« Elle a chargé sa tête coupable d'un double crime. »

ERINNYS.

« De quelle manière? Instruis-en les juges. »

ORESTE.

« Elle a tué son mari, elle a tué mon père. »

ERINNYS.

« Mais toi tu vis, pendant qu'elle a, par sa mort, expié le
» meurtre. »

ORESTE.

« Pourquoi ne l'as-tu pas poursuivie pendant sa vie? »

ERINNYS.

» Elle n'était pas *parente par le sang* de l'homme qu'elle a
» tué. »

ORESTE.

« Mais moi, dis-tu, je suis du sang de ma mère? »

ERINNYS.

« Ne t'a-t-elle pas, meurtrier, porté dans son sein?
» Renies-tu donc le sang sacré de ta mère? »

On le voit, les Erinnyes ne connaissent que le vieux droit, celui de la mère, du sang maternel, et ne tiennent aucun compte de celui du père. Apollon, le Dieu nouveau, a ordonné à Oreste de sacrifier sa mère , pour venger Agamemnon. Il met en présence les deux droits, pour attribuer à celui du père la préférence. « Ecoutez, dit-il aux juges, ce n'est pas la mère qui crée ce qu'on » appelle son enfant : elle n'est que la nourrice du germe déposé » dans son sein. C'est le père qui enfante, et la femme, comme » un dépositaire étranger, conserve le dépôt..... On peut être » père sans mère..... Voici comme preuve la propre fille de » Jupiter Olympien, qui n'a jamais été nourrie dans les ténèbres » du sein maternel, et quelle divinité cependant a jamais produit » plus noble enfant? »

« Mais, interrompent aussitôt les Erinnyes, par là tu détruis les » puissances d'autrefois. Toi, le jeune Dieu, tu veux nous ren- » verser, nous les anciens !

Et Minerve, pour terminer le débat, saisit la pierre du vote : « Je mets cette pierre dans l'urne pour Oreste, dit-elle, tenant le » meurtre de la femme pour moins criminel..... Qu'il triomphe » donc, même en vertu d'une sentence rendue à voix égales. »

Et Oreste est absous : jugement qui surprend l'Erinnys de dou- leur et l'accable. « O dieux nouveaux, s'écrie-t-elle, vous détruisez » la vieille loi et arrachez de mes mains le droit des anciens » âges ! »

La donnée entière d'Eschyle repose donc sur le combat du droit du père et de celui de la mère. La victoire du premier inaugure un ordre de famille plus élevé, où les injures matrimo- niales de la femme ne restent plus impunies. Mais, quel droit nouveau apportait Apollon, et quel était le sens de cette inter- vention des déesses en faveur de la femme?

Au-dessous de la couche des Dieux grecs qui nous sont fami- liers, s'étendait une couche éocène plus ancienne, dont le carac- tère presqu'exclusif était la déification des forces productrices de la nature. La grande Divinité, à laquelle obéirent des populations primitives qu'on pourrait nommer les peuples fossiles de l'his-

toire, fut Dèmètèr (1), la Terre-Mère, que l'on adore, et dont le
culte entier est en opposition avec le culte aryo-hellène du soleil.
C'est la Mère-Nature, qui, d'elle-même, engendre son fils, s'unit
avec lui. L'idée dominante de la religion, à cette époque, n'est pas
le progrès moral, c'est, avant tout, la loi impérieuse de la conservation de l'espèce, la reproduction. Rattacher à des intentions
divines les phénomènes importants de la nature, voilà le sentiment où prit naissance le principe de la vie tellurique : l'homme
primitif ne put se représenter le Dieu, qu'en le comparant aux
éléments du monde coexistant, et, trouvant dans l'enfantement
terrestre des phénomènes analogues à ceux de l'enfantement
humain , il féminisa la divinité créatrice ; la Terre devint la
Grande-Mère (2).

A la tête de la nature animée existait une puissance féminine,
une Déesse, une mère. La puissance masculine n'apparaissait
qu'au second rang et subordonnée au principe maternel. Chez ces
peuples, la mère est *avant* le fils ; la femme est *la donnée ;*
l'homme ce *qui devient.* Cybèle s'élève en qualité de mère au-des-
sus d'Attès ; Diane, de Virbius ; Aphrodite, de Phaëton.

(1) Δῆ μήτηρ ou γῆ μήτηρ qui rappelle la forme dorique δᾶ pour γῆ ou γαῖα
Ott. Müller)

γῆ μήτηρ, Gè-Mètèr ; Magna Mater , en Phrygie ; Mylitta à Babylone ; Dercèto,
en Syrie ; Mouth, Neith, Isis, en Egypte ; Maia, dans l'Inde, etc, etc... (Suivant
Schoemann, *Cic. de nat. deor.*, II, 26, 64, Δῆ μήτηρ équivaudrait à Δέα μήτηρ, ce
qui nous reporterait à la Dea Mater, ou Magna Mater de Syrie (Hill. Ott. Müll.,
Hist. Litt. Greq.).

(2) L'enfantement de l'humanité par la Terre se rencontre sous mille formes dans
les théogonies du monde ancien. Les anciens Crétois employaient *matrie* pour *patrie*,
μήτρις et non πατρίς, désignation expressive qui, reliant au sein commun de la
grande mère, l'ensemble des créatures, contenait en elle la fraternité de tous les
hommes. Le mot « métropole » est un des derniers débris parvenus jusqu'à nous, du
langage figuré de cette haute antiquité.

« Quelques villes ont reçu de l'oracle l'ordre d'honorer les *Mères d'Enguion,* parce
» que ceux qui les honoreront seront heureux, non seulement dans leur vie privée,
» mais verront aussi prospérer leur Etat » (Diodore).

Ἐγγυίον, mot à mot dans la terre, colonie grecque fondée par les Crétois. Evidemment, ce passage fait dépendre la famille et l'Etat du même point de vue religieux.
Les traditions qui se rapportent au droit de la mère en Crète semblent avoir attaché
de l'importance au fait que Dèmètèr se soit donnée à l'amour de Jasios sur un champ
trois fois labouré, la Crète était une île fertile.

Quand le Jupiter primitif naît du sein de Rhéa, celle-ci l'engendre seule ; il est *mortel*, et, en Crète, on montre son tombeau. L'homme est envisagé d'abord comme *fils*, avant d'être *père :* et la femme, *mère* et non pas *épouse*, est non seulement rattachée à la Grande-Mère par le phénomène de la fertilité, mais encore *assimilée* à la Déesse ; qui blesse la femme, blesse la Déesse. Alors, les mères divines, Erinnys, Dikê, Poina, Thémis, Némèsis, prennent sa défense et interviennent pour la venger (1).

C'est la comparaison des fonctions qui détermina donc, à l'origine, le rôle de la femme. Du type élevé qu'elle avait créé, l'idée religieuse redescendant sur le modèle, la femme partagea l'immortalité avec la Déesse, tandis que l'homme n'était que la créature passagère. A l'épouse immortelle on opposa l'époux mortel, Jasios à Dêmêtêr.

Personnification logique de la Terre, la Grande-Mère de toute vie, la femme, dès les temps les plus reculés, reçut une puissante consécration religieuse. S'offrant à l'homme comme souche de l'humanité, avant de se présenter sous l'apparence d'une dispensatrice du plaisir, la mère, première notion d'amour, de morale, de société, point de départ du « moi personnel, » devenait l'origine

(1) Alcméon, comme Oreste, meurtrier de sa mère, fuit vainement les Esprits terrestres. Il n'aura de salut, lui dit Apollon, que s'il parvient à mettre le pied sur un sol non existant à l'époque du meurtre. A l'embouchure de l'Achéloüs, le fugitif rencontre une île de limon, récemment formée. Le vertige qui le troublait l'abandonne alors. Aussi loin que s'étendait le sol terrestre, la vengeance de la Déesse le poursuivait, et la terre, dans sa substance physique, devenait l'Erinnys. Daphné, poursuivie par Apollon, appelle la Terre à son secours. Skédase frappe le sol, demandant vengeance pour le déshonneur des vierges leuctriennes, etc... τόπος et μήτηρ sont employés comme synonymes par Orphée. γύα, la terre labourée et le sein de la femme. γυής, le fils de la terre et l'arbre de la charrue. La *Cista*, où l'on cache le *phallus*, appartient aux mystères de Dêmêtêr.

Ἐριννύς, la Déesse qui habite la Terre, racine Ἔρα.

Ἔρα, la Terre, en vieux latin *tera*, puis *terra*.

Ἔρεϐος, le monde d'en bas, chthonien.

Ἥρα, la mère tellurique primitive, la Junon Argivienne.

Ἥρως, celui qui s'est de nouveau réuni à la Terre, celui qui continue à vivre dans l'âme terrestre de Dêmêtêr, le héros.

Ἔρως, la force de la matière se pénétrant elle-même, le point de départ de la production, Eros.

sacrée de tout développement ultérieur. Le principe de la religion de la maternité, en annonçant la femme comme la révélation d'une loi divine, la désignait nécessairement comme la sainte divulgatrice des mystères. Et, si l'on pense à ce que sa nature, riche en pressentiments, ses tendances intimes, sa conscience profonde du divin, durent fournir de facilités à son caractère hiératique, on comprendra aisément la merveilleuse influence de la puissante prêtresse, assimilée à sa Déesse.

Dans tout le cycle des mythes de cet âge, la Déesse est seule en vue, et, avec elle, la femme, sa représentante (1). Le Dieu n'occupe qu'un rang secondaire, et l'homme est placé dans la condition des créatures inférieures, « qu'on ne pleure pas. » La femme, par la seule exhibition de sa marque divine, la Cista démètérienne, force les Bellérophon à la retraite et les dompte (2), car les héros de cet âge démètérien sont tous mortels et subordonnés au pouvoir féminin : ceux d'entr'eux qui tentent de s'élever à l'immortalité retombent désespérés sur terre, sans pouvoir y parvenir.

Les poëmes d'Hésiode nous reportent à cette même époque. Muets sur le compte des dieux mâles, ils ne rappellent d'autres triomphes que celui des déesses. Hésiode a chanté la femme démètérienne, la victoire d'une société féminine réagissant contre une civilisation inférieure. Il a fait de la mère le centre de la société de l'âge d'argent, dout tous les caractères rappellent ceux de l'époque que nous étudions. C'est la période où les peuples ont commencé à se fixer et à se livrer à l'agriculture et au travail.

(1) C'est de cette époque de la théogonie, que les grandes vertus de l'humanité, les grandes sagesses de la nature, sont du genre féminin. L'Harmonie, une Déesse, est féminine, Eusébeia, Sophrosyné, Eunomia, Arété, etc...

(2) Nous regrettons que le défaut d'espace ne nous permette pas d'analyser quelques mythes, comme ceux d'Achille, d'Amphiaraos, de Bellérophon... Ce dernier surtout offre une tradition remarquable du prestige religieux exercé par la femme : le héros ravage la Lycie, c'est en vain que les hommes le supplient de se retirer ; ils ne réussissent point à le fléchir. Mais les femmes s'avancent à sa rencontre, et *entr'ouvrent à ses yeux leurs tuniques*. Bellérophon, plein de respect à la vue de l'emblème démètérien, se retire, etc.

Succédant à cette époque fabuleuse, apparaît un autre âge mythologique, âge que l'on peut appeler une période secondaire. Les puissances célestes se déplacent : des Dieux nouveaux, avec d'autres attributs, personnifiant d'autres éléments, arrivent au premier rang, d'où ils étaient exclus. Ce sont des dieux mâles, et le culte de la maternité est remplacé par celui de la fécondation, par le culte de la puissance masculine. La force fécondante cesse d'être représentée par l'élément neptunien, comme dans l'âge précédent, et se symbolise dans une manifestation d'un ordre plus élevé, dans le Soleil. Ce n'est plus la grossière allégorie des eaux fécondant les terres, c'est un principe plus pur, le feu divin, auquel se rattachera dorénavant toute source de vie.

Apollon apparaît : Jupiter est, pour ainsi dire, recréé à nouveau. *Il devient immortel :* on lui assigne un père, qui permet à Rhéa de l'engendrer, Kronos, le Temps, c'est-à-dire le résultat d'un âge écoulé. Athênê n'est plus le type de la déesse qui enfante, de la production matérielle, mais de la nature intellectuelle ; fille sans mère, elle sort uniquement de la volonté de l'homme, du cerveau du père, c'est la vierge éternellement chaste, l'Esprit immortel.

Dans cette nouvelle théogonie, où dominent des dieux usurpateurs et masculins, les mythes se retouchent et se modifient ; la mère devient mortelle, tandis que l'immortalité devient l'apanage du père. Si les héros du monde démètérien n'ont pu parvenir à l'immortalité, tous les grands vainqueurs de la femme se retrouvent, au contraire, au ciel, comme des puissances solaires (1). Ariadne suit Thésée, un fils du Soleil, qui, avec Persée et Hercule, prend place à la table des Dieux. Europe, *aujourd'hui mortelle,* se donne à un dieu immortel (2). « C'est l'âge où Prométhée est

(1) Les principes nouveaux sont identifiés à d'autres phénomènes du Cosmos. Dans l'âge antérieur, les puissances *telluriques* ont, en même temps, été des puissances *lunaires.*

La Lune « cette autre Terre, » représente également, dans la sphère religieuse, la substance *chthonienne,* siège de la Force, de la Vie ; à l'apparition des divinités solaires, les symboles de la matière sont abandonnés et, le Dieu, élevé à une pureté métaphysique, est dégagé de toute idée de corruptibilité.

(2) Les termes du mythe primitif sont intervertis.

» délivré et où les cicatrices de son ancien supplice sont effacées, »
supplice qu'il a subi sous un autre règne religieux, pour avoir
voulu trop tôt allumer, suivant l'expression de Sappho, « son
» flambeau aux roues du char du Soleil. »

L'assimilation de la femme avec la déesse devait avoir une
influence inévitable sur ses droits civils. L'idée même du *Droit*
dériva de l'idée religieuse (1), et les déesses de la maternité
furent les mères du droit, de la justice, la notion de la maternité
engendrant, celle de parts égales à tous les enfants, de justice
distributive.

La justice, dans les premiers âges, fut un acte essentiellement
religieux, souvent dévolu à la femme. D'après Pausanias, la plus
ancienne fonction du Collège des seize matrones d'Elis consistait
dans l'office de juges aux procès publics (2). Les traités d'Annibal
avec les Ibères stipulaient que les officiers Carthaginois pronon-
ceraient sur les contestations où les indigènes se porteraient
accusateurs, mais que, dans le cas où les Carthaginois soulève-
raient la plainte, l'office de juges serait confié, au contraire, aux
femmes ibériennes (Cf. Basques).

L'intervention de la femme dans les affaires publiques ne se
bornait pas aux seules fonctions de juges. Varron nous a conservé

---

(1) Ce point de vue est trop connu pour que nous nous y arrétions. Dans toute
l'antiquité, le *droit* fit partie intégrante de la religion et des mystères. Son enseigne-
ment eut un caractère sacerdotal. Les juges s'appelaient *justitiæ sacerdotes*, les prê-
tres de la justice, désignation qui accouplait deux idées connexes à l'origine.

La *Ceres legifera* se rencontre constamment dans les vieilles traditions. En Egypte,
c'est la déesse Isis qui a apporté aux hommes « la Loi et le Droit. » Démétèr s'appelle
souvent *Thesmophore*, et à la fête des Thesmophories (*legum latio*), les femmes et les
vierges portaient elles-mêmes, à Eleusis, les livres sacrés en procession. C'était dans
le Métrôon, temple de Cybèle, mère des Dieux, que se conservaient les lois. L'Aphro-
dite-Syria est : « *Cœlesti situ spicifera justi inventrix, urbium conditrix.* » — « *Ceres,*
» *Dea Syria, lance vitam et jura pensitans.* » — « *Cras Dione jura dicit, etc...* »
» (*Venus magna mater) juraque dat cœlo, terræ, natalibus undis.* »

(2) Pausanias ajoute que ce privilége de juridiction féminine se rattachait à une
aristocratie résultant de la naissance maternelle (Voy. Lycie).

Il était, en outre, lié à une division géographique du pays, analogue à celle, qui,
d'après la tradition romaine, faisait remonter les 30 curies aux Mères Sabines, qui
séparèrent les combattants.

un remarquable exemple de son extension dans la vie politique. Les femmes, dans la primitive Athènes, perdent leur droit de bourgeoisie, sous le règne de Cécrops. A la suite d'un vote populaire, dit-il, où, dans l'assemblée publique, les femmes avaient voté contre le gré des hommes, ceux-ci leur infligèrent une triple punition. Elles perdirent, en premier lieu, leur droit de vote ; secondement, leurs enfants ne durent plus porter le nom maternel, et enfin, elles-mêmes durent renoncer au titre d'Athéniennes, c'est-à-dire qu'à dater de ce jour, elles ne furent plus que les épouses des Athéniens et non des citoyennes (1).

Le prestige dont la femme était entourée se manifeste d'une façon frappante, non seulement par ses attributions juridiques et sacerdotales, mais encore par l'inviolabilité que la religion lui assurait d'une manière toute spéciale. Si nous avons vu la Déesse poursuivre celui qui a porté une main criminelle sur la femme, l'intervention de cette dernière au milieu des combattants paraît avoir été également une suite de son caractère religieux. Inviolable, sacrée, en interposant son autorité entre deux armées prêtes à combattre, et en dictant la loi, la femme exerçait un pouvoir accepté et reconnu. Cette intervention, fréquente dans l'antiquité, faisait partie de *son droit*. Du point de vue romain de la puissance masculine, le fait des Sabines qui imposent la paix, n'a pas de raison d'être, et demeure un accident inexplicable.

(1) Strabon rapporte que les Béotiens, dans une guerre contre les Thraces, ayant envoyé consulter l'oracle de Dodone, reçurent pour réponse « que l'impiété leur vaudrait la victoire. » Ils s'emparèrent alors de la prêtresse et la brûlèrent vive, disant : « Qu'elle ait ou non prévariqué, nous serons réputés, au tribunal des « femmes-juges, » avoir accompli l'oracle ou puni son imposture. » Les inspecteurs du temple ne croyant pas devoir, de leur propre autorité, punir de mort les Béotiens, les citèrent en jugement devant les prêtresses. Les Béotiens protestèrent contre le choix de ce tribunal, refusant de se laisser juger par des femmes. Ils obtinrent qu'on leur adjoignît deux hommes. Les femmes les condamnèrent, les hommes les acquittèrent, et, par suite du partage des voix, ils furent renvoyés impunis.

Cette narration nous ramène à l'époque du procès d'Oreste. Dans les deux cas, le droit des femmes, en conflit avec celui des hommes, est dénié par un tribunal révolutionnaire de nouvelle création, qui renvoie innocents, ceux qu'on eût autrefois condamnés. Mais si, réellement, la juridiction féminine a étendu son action jusque dans la sphère politique, ce rôle de la femme a dû être de courte durée, car, partout, l'histoire nous le montre en butte aux premières attaques des hommes.

III.

Les traces de ces formes de civilisation primitive, dont nous
venons de reconnaître les caractères dans le mythe, se retrouvent
dans le domaine même de l'histoire. Au milieu du tableau de
l'antiquité classique, quelques îlots épars émergent comme les
sommets de contrées ensevelies sous les eaux, et révèlent l'existence passée de tout un système de civilisations disparues. Des
traditions nombreuses, en contraste accusé avec les lois organiques des peuples qui les ont conservées, et frappées au même
coin d'archaïsme, témoignent d'une prédominance remarquable
de la femme dans la société. Tantôt dans la famille, la mère
règne à l'exclusion du père, transmettant son nom à tous ses
enfants, mais à ses filles seules son héritage et sa puissance sur
leurs frères; tantôt dans la vie publique, la femme exerce le
droit de voter et d'ester en jugement, ordonne une trève ; décide
de la paix ; ou, pour le salut de l'Etat, sacrifie soit sa vie, soit sa
chasteté.

Ottfied Müller avait fait remarquer, il y a longtemps déjà, que
les inscriptions funéraires des Étrusques indiquaient presque
toujours les deux noms du père et de la mère, et qu'elles sem-
blaient insister bien moins sur la mention de la famille paternelle
que sur la maison maternelle (1). De celle-ci paraissait dériver
toute l'importance honorifique ; c'est elle qui formait le tronc de
filiation recherché et l'Etrurie était le pays des arbres généa-
logiques. L'usage de l'indication de la descendance maternelle

______

(1) *Tharchfil Phrelnei Tebalnal Lecnesa*, c'est-à-dire : une Tranchvil, née Phrelne,
dont la mère était une Tebatne, mariée à un Licinius.

La famille étrusque n'avait pas les *tria nomina* romains, point de division en nom
de famille et en nom de gens. Dans le même tombeau de famille, on trouve à côté
d'une « *Larthia Fuisinei Lecnesa* » (c'est-à-dire d'une femme née Fuisine, qui avait
épousé un Lecne), un « *Arnth Lecne Fuisinal* » (c'est-à-dire un Lecne, dont la
mère était une Fuisine).

se retrouve non-seulement dans les inscriptions en caractères étrusques, mais même dans celles qui furent rédigées en langue latine longtemps après la conquête de l'Etrurie (1).

On avait également remarqué l'énumération singulière de Polybe, qui, dans son dénombrement des cent familles aristocratiques locriennes, ne citait que les maisons nobles par généalogie *maternelle* : « Les Locriens, ajoute-t-il, ne se glorifient que » de leur descendance maternelle, qui seule, à leurs yeux, » possède de l'éclat, jamais de leur filiation masculine. »

En interrogeant de près les auteurs anciens, on parvient à retrouver l'enchaînement logique de ces apparentes anomalies.

— Hérodote (2) nous apprend que « les Lyciens ont une loi » singulière, que n'ont pas d'autres peuples. Ils prennent le nom » de leur mère, et non celui de leur père. Si l'on demande à un » Lycien à quelle famille il appartient, il indiquera la généalogie » de sa mère et des aïeules de sa mère. Si une femme libre vient » à s'unir avec un esclave, les enfants sont considérés comme de » sang noble; mais si, au contraire, un citoyen, même du rang » le plus illustre, prend une concubine ou une étrangère, les » enfants sont exclus des honneurs.

— » Les Lyciens, dit Nicolas de Damas, rendent plus d'hon-

---

(1)

L. Vecilio Vilici filio et
Polliæ. Abeles
Lectu I Datu
...Vecilio Lucii filio et Pleneste
lectu I. amplius nihil
Inviteis L. C. Levieis L. f.
Et quei. eos Parentaret
Ne. Anteponat.

(Inscript. découverte auprès de Fallérie. — Noël des Vergers.
Les Etrusques).

Cette inscription exprime la descendance maternelle, ainsi que s'exprime en latin la descendance paternelle, par le génitif. Dans d'autres inscriptions, rédigées en latin, la mère est mentionnée à l'ablatif.

Les traditions qui se rapportent aux origines de Rome, dénotent la haute position que la femme occupait dans la famille et la société toscane.

(1) 1, 173. Her.

» neurs aux femmes qu'aux hommes; ils portent le nom de leur
» mère et laissent leur héritage à leurs filles, non à leurs
» fils. »

— D'autres auteurs, après avoir parlé des Lyciens dans le
même sens, ajoutent : « Jadis, ils étaient gouvernés par des
femmes. »

— Enfin, à côté du témoignage purement historique d'Hérodote,
l'histoire fabuleuse des rois présente un cas de succession maternelle : ce ne sont pas les fils de Sarpédon qui succèdent à
leur père ; mais bien Laodamia, sa fille, qui hérite de lui, et
transmet la couronne à son fils, au détriment des oncles de l'enfant.

— Rappelons encore la coutume où étaient les Lyciens d'ins-
crire sur les tombeaux les noms de leur mère et des aïeules ma-
ternelles, au lieu de celui du père.

La profonde opposition de ce système avec les idées grecques
suffirait déjà à nous montrer que, sous le règne de ces dernières,
la création subjective de semblables narrations n'aurait jamais pu
s'effectuer. Les Grecs des époques historiques, qui rencontraient,
soit dans la fable, soit dans les récits des voyageurs, des traditions de cette nature, se trouvaient en présence de véritables
énigmes, et comme l'observe avec raison Eustathius, la préférence
accordée à Laodamie sur ses frères répugnait profondément à
leur génie.

L'organisation gynécocratique est le propre des peuples préhelléniques qui ouvrent l'histoire ancienne et que Strabon nomme
« Barbares, » les Lyciens-Termiles, les Kares, les Lélèges, les
Caucones, etc... Chez eux dans la religion, règne la déesse, la
grande-mère, à qui le seul sacrifice saint et agréable est celui de
la femme (1).

Dans la famille, la femme fait souche, et transmet son nom aux
enfants. Le rôle de l'homme n'y occupe que le second rang.
Comme époux, contraint d'acheter, par des cadeaux, les faveurs

(1) Voyez le remarquable travail de M. le baron d'Eckstein, *les Cares ou Cariens
de l'antiquité.*   (Rev. arch., 14e année).

de sa femme, il se cache pour l'aller trouver, il est un amant légal, et non un mari. Il n'habite point chez son épouse, mais dans la maison de sa mère ou de ses sœurs. Maîtresse du logis et du foyer, la femme possède une habitation propre ou continue à vivre dans celle de sa mère. Tandis, enfin, que son mari n'a jamais le droit de divorcer, elle est libre de le répudier pour convoler à de secondes noces. Comme père, l'homme, encore plus un étranger à l'égard de ses enfants que dans ses rapports avec sa femme, est totalement en dehors de la famille. Ses véritables enfants sont ceux de sa sœur : c'est à eux que passe son héritage et non aux descendants qu'il a eus de sa femme (1) ; c'est avec eux qu'il vit dans la maison de sa mère. Mais, ici, non plus que chez sa femme, il n'exerce le moindre pouvoir. Placée sous le régime maternel, son existence s'écoule sous l'autorité de ses sœurs, si la mère n'est plus. A la mort de la mère commune, c'est, en effet, la sœur qui a hérité des biens et de la puissance domestique sur ses frères. La fonction d'époux qu'ils remplissent dans une maison étrangère, ne modifie point la condition première, d'après laquelle ils relèvent du foyer gouverné par la sœur (2).

La mère, voilà pour ces races toute la famille, et cette famille, domaine exclusif de la femme, s'offre, avons-nous dit, comme la caractéristique des plus anciens Kares et de tous les peuples de l'Asie-Mineure, qui ne sont pas de souche hellénique (3).

Cette antique race des Kares a jeté de vastes rameaux à l'occident de l'Asie-Mineure. Elle a occupé l'archipel grec avant les Pélasges, avant les Hellènes. Coudoyant les Méoniens et les Thraces, elle a couvert une partie de l'Acarnanie et de l'Illyrie. Enfin, les premiers établissements au sud de l'Italie (avant les

---

(1) Ces derniers héritent de leurs oncles maternels.

(2) Cf. basques.

(3) Lorsque les populations phrygiennes et pélasgiques se sont rencontrées ave eux, elles ont en partie capitulé avec ces mœurs.

Latins) (1), et les antiques cités étrusques portent l'empreinte de
civilisations analogues.

Mégare, une colonie karienne, montre sous l'invasion dorienne,
la même organisation de la famille, au moins en ce qui touche à
la filiation. Les enfants y suivent la condition de leur mère, et le
père demeure étranger à la famille. La fusion avec les Hellènes
y est incomplète, et les deux droits subsistent à côté l'un de l'autre,
en quelque sorte symbolisés dans les deux vieilles citadelles de
la ville ; l'une fort ancienne et consacrée à Démétèr ; l'autre, plus
récente, dédiée à Apollon Archègète, père de la race conqué-
rante.

Chez les Chalcédoniens, les enfants n'avaient également d'autre
état civil que celui de leur mère, et les veuves dirigeaient elles-
mêmes leurs affaires, les traitaient devant le juge. Les mêmes
faits généraux se présentent en Arcadie : le principe maternel y
est le centre du système religieux, comme dans l'Asie-Mineure,
dans l'Italie du Sud et en Crète. La population de cette dernière
île était unie, de la façon la plus étroite, aux Kariens (ils parlaient
la même langue), et aux Lélèges, « chez qui la fille héritait du
» pouvoir (2). »

Si la femme a le privilège de recueillir les successions, de
nombreuses conséquences s'en suivent, et l'on comprendra l'enchaînement des idées de Strabon (3), lorsqu'il rapporte que,
» chez les Cantabres, les filles seules héritent ; que les frères
» sont donnés en mariage par leurs sœurs ; que toutes leurs
» mœurs reposent sur une gynécocratie. »

(1) Nous reviendrons plus loin sur les établissements italiotes : de nombreuses
traditions témoignent de la considération dont jouissent les femmes parmi les populations primitives. Notons seulement pour l'instant ces traités d'alliance entre les
Sabins et les Romains, où il avait été stipulé qu'aucun Romain ne pourrait con-
traindre son épouse aux travaux intérieurs de la maison, tels que la préparation du
repas, les soins du ménage. Evidemment, cette obligation constituait, aux yeux des
Sabins, une atteinte assez grave à la dignité de la femme dans la famille, pour
qu'ils se crussent forcés de garantir par un traité public, leurs sœurs contre le
dominium conjugal de leurs rudes voisins. (Cf. avec les femmes berbères.)

(2) Paus., 7, 3, 2.

(3) Strab., III, 165.

Seule propriétaire des biens de la famille, la femme est, par là, investie d'importantes prérogatives. Ces biens, dont elle a la libre disposition pour les administrer, elle les défendra en justice, et, comme les Chalcédoniennes, se présentera devant le juge.

Maîtresse d'une fortune, la femme se trouve, par conséquent, en possession d'une dot, qu'elle n'a à demander ni à un père, ni à des frères, ni à des agnats : elle est indépendante, libre de toute tutelle, et peut disposer de sa main sans l'intermédiaire d'aucun parent (1).

Le premier exercice de la puissance de la femme dans une société gynécocratique, sera donc *de choisir* son époux. « Elles » disposent de leur main et se marient elles-mêmes, » a dit Plaute des femmes Etrusques. « Les Lydiennes choisissent leur mari, » car, dit Hérodote (2), comme elles possèdent leur fortune, elles » se donnent elles-mêmes en mariage. » Enfin, dernière consé-quence, le frère, pour se marier, est dans une dépendance abso-lue de sa sœur, l'héritière. Celle-ci détachera des biens de la famille une dot, qui facilitera le mariage de son frère, ce que Strabon confirme dans ces termes : « Chez les Cantabres, les

---

(1) Quelle opposition avec la femme romaine ! Celle-ci, sans personnalité, passait de la puissance du père dans celle du mari, et, à la mort de son seigneur et maître, dans celle des agnats, sans jamais avoir aucun accès en justice, ni devant le magis-trat.

« *Nos pères* n'ont pas souffert que les femmes pussent, de leur propre autorité, » conclure aucune affaire, pas même privée ; *ils ont voulu* qu'elles fussent en la puis-» sance de leurs pères, de leurs frères, de leurs maris..... (*voluerunt, in manu esse* » *parentum, fratrum, virorum*). » Discours de Caton, *pro lege Oppia*, Tite-Live, XXXIV.

« Rappelez-vous, continue Caton, toutes les lois par lesquelles nos pères ont enchaîné » la liberté des femmes ; par lesquelles ils les ont courbées sous le pouvoir des » hommes. Aussitôt qu'elles auront commencé à devenir vos égales , elles seront » vos supérieures. » Caton a raison ; la puissance paternelle et maritale de Rome, si sévère, si rigide ; le droit de famille de la Grèce, offrent à leur début tous les signes d'une *réaction*. C'est un point que nous aurions aimé voir mettre en lumière par M. Bachofen. Dans notre thèse, les Hellènes et les Romains réagissaient contre d'au-tres civilisations qui les avaient devancés.

(2) Herodot., 1, 93.

» hommes apportent une dot aux femmes. » C'est la sœur qui a fait la dation de cette dot (1).

De même que les mythes d'Oreste et d'Alcméon témoignent du droit ancien de la femme à l'inviolabilité, de même, celui des noces sanglantes des filles de Danaüs, écho lointain des époques gynécocratiques, ne démontre pas moins clairement son droit aussi ancien à la liberté (2). Le nœud de l'action, dans les différentes versions de la fable des Danaïdes, est leur horreur pour un mariage forcé. Les fils d'Egyptus sont représentés comme violant le droit des jeunes filles à disposer d'elles-mêmes, et c'est cet attentat au premier de leurs priviléges, que les Danaïdes vengent dans le sang, le jour de leurs noces. Le mariage à un degré prohibé ne provoque point leur indignation ; leur seul droit méconnu, leur puissance sur l'homme blessée dans sa première manifestation, le choix de l'époux. Le mythe entier place la violence « que les » Dieux détestent, » du côté des fils d'Egyptus, *le droit* du côté des Danaïdes (3). Hypermnestre est enfin jetée dans les fers, traduite en jugement solennel, pour avoir épargné Lynkeus, son époux, que son devoir était de sacrifier ; criminel envers le droit sacré des femmes, qui réclamait une satisfaction éclatante, Lynkeus ne méritait aucune pitié.

IV.

On aurait tort de penser que, malgré le peu d'élévation de son origine, la gynécocratie, à l'époque où elle s'offre à notre étude, c'est-à-dire lors de son conflit avec le droit de l'homme, ne fut pas

(1) Cf. Basques.

(2) Mettez en regard de ce droit d'élocation, la législation athénienne où le père pouvait, même par testament, disposer de la main de ses filles ; où le mari avait la faculté d'imposer à sa veuve l'homme qu'elle devait épouser après sa mort.

(3) La punition classique est de date plus récente. Elle appartient à une époque qui n'avait pas gardé notion de gynécocratie, ou plutôt qui réagissait. Homère, en décrivant les peines des Enfers, ne mentionne pas le supplice des Danaïdes ; Hésiode, ni Pindare, n'en parlent davantage.

déjà l'expression d'une civilisation avancée. Le principe de la gynécocratie est fondé sur l'idée de la famille, et de la famille parfaitement déterminée et circonscrite par le mariage. Le mot même de mariage appartient au droit maternel; on disait *matrimonium* et non *patrimonium*.

Mais lorsque, après M. Bachofen, nous employons le mot de *gynécocratie*, nous n'entendons pas lui attribuer toute la portée que lui assigne l'auteur allemand. Il se peut que, sur certains points, le principe féminin ait pris, chez quelques peuples, une importance qui paraîtrait aujourd'hui complètement anormale; qu'il se soit même étendu dans la vie publique, jusqu'à occuper dans l'Etat un rôle égal à celui de l'homme. Mais il nous semble difficile de supposer que, en dehors de la famille, il ait entièrement absorbé l'élément masculin. Nous ne pouvons admettre sa prépondérance absolue qu'exceptionnellement et chez certains peuples de l'Orient, sédentaires, pacifiques et emmaillotés dans les liens d'une religion puissante. L'Etat Amazonien n'a pu être évidemment qu'une forme transitoire, de très courte durée.

Le sens que nous attachons au terme de *gynécocratie* n'est pas celui d'une organisation sociale où la femme gouverne exclusivement, et nous limitons volontiers son acception à celle de « l'empire dans la famille, » où elle est synonyme d'autorité paternelle. Mais, objectera-t-on, c'est au fort que la nature a remis le sceptre du commandement. Quelles puissances plus fortes que la force ont donc agi pour déplacer le pouvoir dans la famille?

La gynécocratie, disons-nous, n'a été que la paternité des âges primitifs.

La famille est d'abord une conception physique, et pour cette raison appartient à la mère. L'idée qui la rapporte au père est exprimée par un terme impropre (qui n'est entré que tard, d'ailleurs, dans la langue vulgaire : *paterfamilias* est un mot de récente formation. Plaute emploie souvent celui de *materfamilias*, pas une seule fois celui de *paterfamilias*). D'après le droit maternel, il y a bien un *pater*, mais point de *paterfamilias*.

La paternité est *une fiction* juridique; la maternité toujours *un fait*. Les jurisconsultes romains les opposent l'une à l'autre, quand

ils écrivent : « La mère, en tout état de choses, *est certaine*, tandis
» que le père n'existe qu'autant qu'il est désigné par le mariage.
» Le droit de la mère est vrai par la nature : le droit du père ne
» l'est qu'en vertu de notre droit civil. » Si la fiction vient à
cesser, « les enfants ne sont point censés avoir de père. »

Qu'on nous pardonne cette violente antithèse : la maternité fut,
à l'origine, la seule paternité. Dans les communautés hétériennes,
l'homme n'a qu'une union temporaire avec la femme, et la quitte
aussitôt. La mère reste seule avec son enfant, elle l'élève ; il
grandit, ne connaissant qu'elle. Elle est donc le centre de la première famille, comme elle en est la seule donnée positive. *Le
père n'est qu'une adjonction postérieure*, et l'unique groupe que
l'on puisse concevoir, au début, est celui de la mère et de son
enfant (1).

La force du mâle peut lui servir à soumettre momentanément
celle qui résiste, mais devient incompréhensible dès qu'on la
suppose appliquée à créer des liens de fixité entre les individus
dans les rapports de père et de fils.

Le véritable droit naturel chez toutes les créatures vivantes est
celui qui résulte de l'enfantement. Aussi le caractère particulier
de l'époque gynécocratique, précédant immédiatement celle de
l'intervention paternelle, est-il la *reconnaissance de la descendance
par la mère, — l'état civil, la filiation juridique de l'enfant par la
femme.*

Dès que la famille devra passer sous la direction du droit du
père, une première difficulté éclatera : la reconnaissance de
l'enfant. A l'évidence qui se rattache à l'origine maternelle, suc-
cèdera l'établissement d'une paternité fondée sur la probabilité ;
et, de l'embarras créé par les éléments naturels, nous verrons

(1) Le père n'existe point sans la famille, et celle-ci ne peut se comprendre qu'avec
une union de quelque durée, avec le mariage, œuvre des efforts de la femme.

La mère, premier terme nécessaire de la famille, a précédé l'entrée du père dans
l'étroite société des individus unis par le sang. Ajoutons que l'homme n'a pu avoir
primitivement aucun intérêt à former la famille, c'est-à-dire à se charger de la nour-
riture et de la défense de plusieurs êtres, alors que sa propre existence était elle-même
très précaire.

dériver : l'attribution de l'enfant à celui des pères de la tribu auquel il ressemble le plus ; — l'adoption civile spéciale ; — et enfin la filiation juridique proprement dite.

Si le droit de la mère, le droit de la souche a eu dans l'origine de certaines sociétés sa raison d'être (la filiation par la femme étant en cet ordre d'idées le seul fait à l'abri de toute contestation), les peuples, en se développant, ont tendu nécessairement à remplacer le droit naturel par le droit civil (1). Ils assignèrent à l'homme un rôle supérieur à celui de simple reproducteur, et, les mœurs s'épurant, l'intelligence masculine finit par prendre la direction de la famille dégagée des liens de la loi primitive.

La première intention de progrès moral s'indique chez tous les peuples par la recherche de la paternité : il faut donner à l'enfant un père déterminé, rendre le rejeton bilatéral — d'unilatéral qu'il avait été jusqu'alors. Pour atteindre ce résultat, la marche fut lente ; les idées accumulées pendant des siècles ne se renversent point soudain et la victoire fut difficile, disputée. Le fait implacable de la maternité subsistait immuable, impossible à combattre autrement que par des fictions. La mère n'avait rien à prouver : l'enfant était à elle, et elle le retenait sans efforts.

Le premier qui consentit à se reconnaître père fut un homme de génie et de cœur, un des grands bienfaiteurs de l'humanité. Prouve en effet que l'enfant t'appartient ? Es-tu sûr qu'il est un autre toi-même, ton fruit ? que tu l'as *enfanté* ? ou bien, à l'aide d'une généreuse et volontaire crédulité, marches-tu, noble inventeur, à la conquête d'un but supérieur ?

Diverses étapes ont marqué la recherche de la paternité ; toutes

(1) Nous n'avons pas à examiner ici si ce besoin a été spontané, comme M. Bachofen le pense, ou s'il n'a été au contraire que la conséquence naturelle du contact avec des races plus élevées en civilisation

Comment ces races elles mêmes seraient-elles parvenues à ce degré de civilisation supérieure ? Dans quels milieux se seraient-elles développées ? Comment ont-elles acquis des qualités intellectuelles leur permettant de s'élever du fait matériel à la conception abstraite ? C'est ce qui, à l'heure présente, échappe à nos connaissances. Notons cependant que dès ses origines les plus reculées, la race aryenne, entre toutes, a été douée de la plus grande capacité d'abstraction. Ses aptitudes philosophiques l'ont de bonne heure distinguée des populations asiatiques.

fort remarquables, mais dont le catalogue est malheureusement loin d'être complet : la mémoire d'un grand nombre a dû se perdre dans l'histoire non écrite des premiers âges.

Lorsqu'il s'agit dans les communautés primitives de reporter la vérité naturelle sur le père, la première attribution de paternité fut provoquée par la ressemblance physique, de même que dans un troupeau on suppose la parenté de deux animaux en vertu de quelque analogie extérieure. D'après Hérodote et Aristote (1), chez certains peuples de la haute Lybie régnait la coutume « que » tous les trois mois les hommes se réunissaient et se présen- » taient à la fois. Dans ces réunions on attribuait à l'auteur » présumé, d'après la ressemblance des traits, l'enfant qui jus- » que-là avait grandi près de sa mère. » Les Auséens Tritoniens, les Liburnes, peuplades où les femmes étaient en commun, suivaient ces mêmes coutumes (2). Une adoption de ce genre, simple présomption, avait pour effet de développer parallèlement à la maternité un droit pareil au sien. Avec le progrès des mœurs, la fiction brutale, basée sur la ressemblance physique, devint moins flottante. On limita la supposition à un seul individu. Au sein des sociétés perfectionnées, de par la loi, l'enfant ressembla au mari, et ce dernier dut être le père. Dès lors, si l'époux avait quelque motif de ne pas trouver la ressemblance à son gré, ce fut à lui de prouver, non plus qu'il était le père, mais qu'il n'avait point qualité à ce titre.

Cette attribution, fictive elle-même, fut le résultat d'une lente progression. Comment créer des rapports entre le fils et le père, lorsque l'intelligence des premiers âges ne dépassait pas le fait objectif de la naissance ? Les liens entre la mère et son enfant ne résultaient que de l'*acte même de la mise au monde*. Par quel enchaînement d'idées parviendrait-on à considérer le père comme ayant *enfanté* son fils (3) ? La courte logique de ces époques eût

(1) Her., 4, 180. — Arist., *Pol.* 2, 1, 13.

(2) **Chez les Liburnes**, l'adjudication au père présumé n'avait lieu que lorsque l'enfant avait atteint sa 5e année.

(3) *Pareo*, enfanter. — *Parens*, celui qui a *enfanté*, le père aussi bien que la mère.

exigé qu'il *lui donnât lui-même le jour*, et fût pour l'enfant une seconde *mère*.

Le problème fut résolu : on suppléa à l'acte même de la naissance (impossible à réaliser) par une imitation de la nature. Le père, soit dans la cérémonie de l'adoption, soit simultanément avec la mère, dut se prêter à un simulacre d'enfantement, et le fils fut doté de deux mères, l'une la véritable, l'autre la mère fictive (le père réel ou supposé).

Les auteurs anciens nous ont conservé quelques-uns des modes employés pour reporter la vérité naturelle de la maternité sur le père. Une première cérémonie consistait dans l'introduction de l'enfant dans la manche d'une chemise très-ample ; une seconde prescrivait de faire entrer le nouveau-né tout nu sous la chemise elle-même ; une troisième se bornait à le prendre dans les plis flottants de la *stola*. Enfin, on pouvait encore adopter l'enfant dans le lit nuptial de la chambre à coucher. Ces diverses cérémonies simulaient l'acte même de la naissance. Cette religieuse parodie de la nature, très-significative à son origine, devint énigmatique aux âges suivants, alors qu'on eut perdu de vue le point de départ, et que l'époque où régnait dans la famille la seule loi du fait, où la femme, comme puissance reproductrice, apparaissait au premier rang, se fut enfoncée dans un très-vieux passé. L'adoption par l'imitation de la nature persista très-tard chez les Romains et traversa l'époque la plus réactionnaire du droit paternel, la République. Elle parvint même jusqu'au premier siècle de l'Empire. Pline (1), à propos de l'adoption de Trajan par Nerva, loue ce prince d'avoir remplacé les anciens usages par des formes d'un ordre plus élevé. « car, dit-il, ce » n'est pas devant le lit conjugal, mais devant celui de Jupiter » Max. Opt. que l'adoption a eu lieu. » Cette antique cérémonie représentait un accouchement du père, par suite duquel le fils était tenu pour le fruit du lit conjugal. Lorsque chez les peuples soumis au droit maternel, il s'agissait d'une adoption du vivant de la mère, on suivait la même marche. Diodore (2) nous apprend

(1) Pline, *in panegyr.*, 8.
(2) Diod., IV, 39.

que « Junon ayant dû, d'après le conseil de Jupiter, adopter
» Hercule en qualité de fils, l'épouse olympienne monta sur son
« lit, et là, après avoir attiré Hercule sur son corps et sous ses
» vêtements, l'avait laissé tomber par terre, afin d'imiter un
» véritable accouchement. Les Barbares, continue l'auteur
» grec, ont observé jusqu'à nos jours ces mêmes rites pour
» l'adoption. »

L'exemple le plus curieux d'une imitation de la nature se présentait lors des couches de la mère.

Nymphodore et Apollonius (1) nous rapportent que, chez un
peuple des bords du Pont, « les femmes mettent au monde leurs
» enfants avec la participation des hommes : ceux-ci se mettent
» au lit, poussent des cris aigus, s'enveloppent la tête, se font
» préparer des bains et nourrir délicatement par leurs femmes. »
— « Chez les Tibaréniens, dès que les femmes ont accouché,
» elles soignent leurs maris. » — Diodore (2) écrit des Corses
» qu'à la naissance de leurs enfants, ils observent une étrange
» coutume. Ils n'ont aucun soin de leurs femmes en couches.
» Aussitôt après la délivrance de la mère, le mari se met au lit,
» comme s'il ressentait les douleurs, et s'y tient pendant un
» nombre de jours déterminé, ainsi qu'une accouchée. » —
« Chez les Cypriens (Plutarque) (3) un homme se met au lit et
» imite les cris et les mouvements d'une femme en couches. »
  « Chez les Ibères (Strabon) (4), lorsque les femmes accou-
» chent, ce sont les hommes qui prennent le lit à leur place et se
» font soigner par elles (5). »

(1) Apoll., *Argon.* II, 1011-1016.
(2) Diod. V, 14.
(3) Plutarq.. *Thésée*.
(4) Strab. III, 165.
(5) Cet usage se retrouve, comme nous le verrons plus loin, chez les Basques
(Voyez « faire la couvade). » — Chez les Arawaks du Surinam et dans la province
chinoise du Yunnan. — Chez les Aborigènes du Brésil, il était général ; à la naissance de l'enfant, c'est le père, qui, au lieu de la mère, se met au lit, où il demeure
plusieurs semaines, recevant les soins que l'on donne à une femme en couches, et les
visites et les compliments des voisins. — Voyez dans *Tylor's early history of mankind*,
p. 288, la liste des peuples qui suivent cette coutume. — Voyez aussi Lubbock.

La loi organique de la première phase de la famille n'accordait donc de droits au père qu'en vertu de son assimilation avec la mère. Pour obtenir l'*imperium* qu'exerçait la mère, l'homme était obligé à revêtir les insignes et les attributs extérieurs de son pouvoir. Cette paternité, qui ne pouvait se formuler que sous une apparence maternelle, est la marque distinctive des époques de transition entre l'empire de la mère et l'autorité du père (1). Alors, le mari n'obtenait ses droits dans la famille qu'à l'aide de subterfuges acceptés : chez plusieurs nations, le fiancé était forcé de rendre visite à sa fiancée en *habits de femme* : chez les Lyciens, le père n'était admis aux funérailles de son propre enfant, que « couvert de vêtements féminins » : il empruntait la forme maternelle pour s'associer au deuil des parents (2).

V.

Les sociétés gynécocratiques, régies encore par quelques-unes de ces lois qui nous paraissent si étranges, sont venues expirer

P. *histor. times.* — Pausanias 5, 25, 5. — Strabon, 7, 214, 319, etc., etc.....
Dans certaines parties de la Savoie, notamment dans le Faucigny, on est encore dans l'usage d'offrir au mari *une rôtie au vin*, aussitôt après la délivrance de sa femme.

(1) Aussi longtemps que le père subit ces fictions et ne reçoit son investiture qu'à la cérémonie de l'accouchement, tout ce qui précède l'instant de la mise au monde est non avenu, quant à la condition de l'enfant. L'existence juridique de ce dernier ne date que de sa naissance. Dans le système du droit paternel, au contraire, on se reporte au moment de la conception, dont seul on tient compte, et, chez les Romains, les posthumes sont réputés déjà nés.

(2) Chez les Céens, les hommes ne portaient pas le deuil ; seules, les femmes. — Chez Servius, *Æn.* 9. 486, les mots *personæ funeræ* ne désignent que la mère et les sœurs. Si ces pratiques démontrent que la parenté et la filiation ne se prouvaient que par les femmes, rappelons-nous que, sous son aspect religieux, le deuil était un culte rendu à la Terre-Mère. Rapprochez de cela la fête des Oschophories, où les femmes, sous le nom de Diphnophores, représentaient, d'après la tradition, les mères dont les enfants avaient été envoyés en Crète. Cette fête est visiblement un souvenir des époques gynécocratiques qui ont précédé Thésée. Aux Oschophories, la femme exerçait le pouvoir et dominait, et les jeunes gens s'habillaient de vêtements féminins.

au seuil de nos civilisations. De nos jours et à nos portes, nous
pouvons vérifier le récit de Strabon, sur les Ibères de son temps.

Dans les Pyrénées est demeurée une race antique, un petit
peuple, dernier vestige des anciens jours, et qui, sans histoire,
survit aux monuments historiques eux-mêmes : les Basques (Eus-
Kariens ou Escualdunac). Chez eux encore, dans certaines contrées de La Biscaye et du Guipuzcoa, les femmes quittent leur
lit immédiatement après leurs couches, et le montagnard, prenant
la place de son épouse auprès du nouveau-né, « *fait la couvade.* »

Dernier reste d'un monde disparu, la société basque nous offre
de curieuses révélations à l'aide desquelles nous pouvons res-
souder les anneaux que nous avons reconnu isolés chez d'autres
peuples. Les Basques sont, en effet, les débris d'une grande race,
qui, à une très-haute antiquité, a possédé les terres, aujourd'hui
recouvertes par d'autres populations ; ils appartiennent à un âge
de l'humanité bien antérieur à celui où nos propres ancêtres se
sont établis près d'eux. Sans entendre sonder ici les mystérieuses
origines des Basques, on est cependant porté à chercher leurs
relations avec les races Kariennes, qui avaient pris une si grande
extension dans le bassin de la Méditerranée. Reliés d'un côté aux
peuples de la Sabine et de la Ligurie, de l'autre à l'Afrique, ils
semblent devoir se rattacher (ne fût-ce que par leurs institutions
gynécocratiques) aux Lybiens. Ceux-ci, soumis aux lois démé-
tériennes, ont occupé autrefois tout le nord de l'Afrique, et se
sont étendus des oasis de l'Egypte à l'Océan, en suivant le littoral
de la Méditerranée, de la Cyrénaïque à l'extrémité du Maroc.
L'ancienne population guanche des îles Fortunées (Canaries)
était Lybienne. Ce serait donc par Ceuta et le sud de l'Espagne
qu'il faudrait chercher la ramification des Ibères avec les races
Ethiopiennes (1). La parenté des Ibères de l'ancienne Espagne et

---

(1) Strabon, parlant d'une des tribus Eus-Kariennes, habitant les versants de
l'Atlas, l'appelle d'un nom basque « *Muturgorri,* » visages rouges (M. Reclus,
Rev. des Deux-Mondes, 15 mars 1867. — Voyez les sources qu'il indique).

Nous ne pouvons nous empêcher de rapprocher l'épithète employée par le grand
géographe ancien, du nom même des Ethiopiens, caractéristique de cette race brune.
Voyez plus loin, « Ethiopie. »

des Basques est aujourd'hui établie, grâce aux travaux de G. de Humboldt. La peinture que Strabon, III, 165, nous a laissée des Kantabres, s'applique, avec la plus grande exactitude, aux Basques leurs descendants. « Chez les Kantabres, dit-il, les maris » apportent une dot à leurs femmes; les filles héritent de leurs » parents, et c'est à elles que revient le soin d'établir leurs » frères. De pareils usages témoignent du pouvoir dont y jouit la femme (1). »

Le droit d'aînesse a lieu chez les Basques sans distinction des sexes : lorsqu'il échoit en partage à la fille, celle-ci devient le chef de famille, prend le titre d'*héritière* et exerce l'autorité aussi bien sur son mari que sur ses enfants.

L'héritière conserve son nom, le donne à son époux, le transmet à ses fils qui ne perpétuent que le nom de leur mère et des aïeux maternels. Avant comme après son mariage, elle jouit dans la société des priviléges attachés au chef de la famille; figure à la tête de ses parents dans les cérémonies publiques et entr'autres aux fêtes funéraires (2).

Les mœurs imposent au mari un rôle secondaire, et la loi ne le relève pas de son infériorité. Venu chez sa femme avec une dot qu'il lui a apportée, il ne dispose plus désormais de son avoir. Il n'est réellement qu'un époux dotal, car, dans le seul cas de la dissolution du mariage sans enfants, le capital lui fera retour, mais les fruits sont absorbés dans l'union sans profits pour lui, la coutume le considérant comme suffisamment indemnisé « en » étant logé, nourri et vêtu chez sa femme sans bourse délier (3). »

---

(1) Voyez sur les Basques, le travail intéressant et approfondi de M. E. Cordier, *Le droit de famille aux Pyrénées* (*Rev. hist. de droit*, 1859), auquel nous empruntons le portrait de la famille basque. — « *Anc. cout. de Baréges et Coutum. anc.* » *et nouv. de Baréges, du pays de Lavédan et autres lieux dépendant de la province de* » *Bigorre* » (Bagnères, 1837), conservées par Noguès, avocat au Parlement de Toulouse.

(2) *Cf.* Lycie.

(3) Dans la vallée de Campan, la dot qu'apporte le second mari est partagée à parts égales entre tous les enfants du premier et du second lit. C'est assez remarquable comme reconnaissance de fraternité utérine.

Il n'entre dans la maison que pour *reproduire* et travailler pour le bien de sa femme (1).

La puissance paternelle est refusée au père. Veuf, il a l'administration des biens que ses enfants tiennent de leur mère, jusqu'à leur mariage ou majorité. *S'il quitte la maison*, il est tenu de laisser ses enfants sous la garde des proches parents de la femme. Il cesse d'administrer leurs biens et d'en jouir ; il n'a pas même le droit de répéter contre l'héritier les améliorations qu'il a faites dans la maison matrimoniale : d'ailleurs, il n'est pas l'héritier *ab intestat* de ses enfants. Du vivant de sa femme, le mari n'a non seulement aucun droit d'emmener son épouse, si elle refuse de le suivre ; mais, quoique les textes nous laissent indécis sur ce point, il semble que lui-même n'avait pas le droit de sortir de cette maison, à laquelle il était attaché comme un serf. Dans tous les cas, ce ne pouvait être, s'il était libre de s'éloigner, qu'en perdant tous ses droits. Sa femme, ses enfants, sa légitime, demeuraient attachés au foyer conjugal.

Le mari ne pouvait obliger sa femme sans son consentement, à moins que les obligations n'eussent tourné à son profit : ainsi, sur ce point, il était assimilé au fils romain ou à l'esclave, car, comme eux, il ne pouvait faire d'acquisitions que pour le chef de la famille. La femme, chef de famille, avait, au contraire, toute liberté d'aliéner, de consentir tous contrats, d'ester en jugement pour demander ou défendre sans l'autorisation de son mari (2).

(1) Cet époux, que la femme Basque *choisit* de son seul consentement, et que toujours elle prend plus jeune qu'elle, s'appelle, à Baréges, *noris*, nom qui désigne dans la maison le mari par sa *fonction* et non d'après son rôle personnel.

(2) Voyez art. 11 et 19, la condition « misérable » du mari. — Noguès, qui commente cette coutume, ajoute avec tristesse : « Quand, vieux et infirme, il est obligé de quitter la maison où se sont accumulés les fruits de sa sueur, et dont seul l'héritier de sa femme jouit tranquillement, son unique ressource est dans la « liberté » accordée par la loi à la femme de disposer en sa faveur d'un legs, « de consentir un légat. » Mais il arrive rarement, dit-il, que la femme use de cette liberté avec libéralité, « comme si ce n'était pas un devoir qu'exige d'elle l'humanité autant que la religion de ne pas laisser manquer une personne avec qui elle n'eût dû faire, suivant l'Ecriture, qu'un même esprit et un même cœur : *duo in carne una.* » — Cordier, *loc. cit.. Anc. cout. de Baréges*, art. 11, 20, etc.

Les coutumes nous montrent, suivant l'observation de M. Cordier, « comme un vestige de haute antiquité, » la préoccupation de la conservation de la propriété dans une même famille (1). L'état juridique de la propriété est, en effet, chez les Basques, non une communauté entre époux, mais une communauté de famille régie par le chef, lequel possède au nom de l'ensemble (2).

Lorsque la sœur aînée devient héritière, elle reçoit avec le patrimoine la maîtrise des cadets : aussi, dit l'article 16 de la Coutume de Barèges, qui est un véritable code de la famille : « Un frère puîné, appelé en langue du pays *esclau* ou *esclabe*, qui » sort de la maison pour travailler, trafiquer, ou demeurer servant ailleurs, sans l'approbation de l'héritière de la maison, » est obligé de tenir en compte ce qu'il a gagné sur ce qu'il » peut prétendre de sa maison, tant moins de sa légitime. » Cet homme, qui dans sa propre famille est en tutelle, quand il en sort par le mariage, rentre sous une autre tutelle. Comme frère ou comme mari, toujours subordonné, dans l'une et l'autre famille, il est, d'après le droit commun, sans fortune : tout au plus a-t-il à attendre le petit pécule que sa sœur lui donnera pour se marier (3), en le renvoyant dans la maison de l'hérière étrangère.

Si pendant plusieurs générations, la nature se plaît chez les Basques ou les Kantabres à accorder le droit d'aînesse à une fille, le tableau généalogique des héritières ne sera-t-il pas celui de la famille lycienne, et, nouveau Glaukos (4), le Basque ne nommera-t-il pas seulement les mères de sa mère ?

(1) **Cf.** avec la fille ἐπικλήρος à Athènes, qui était contrainte d'épouser son plus proche agnat, si son père décédait *intestat* : mesure qui conservait le patrimoine dans la branche collatérale masculine la plus rapprochée du *decujus*.

(2) « Quand un père meurt (chez les Tcherkesses ou Adighé de la Kabardah), la » mère a la gestion du bien, qui ne se partage pas. A la mort de celle-ci, c'est » ordinairement la femme de l'aîné des fils qui la remplace..., etc. » (Note due à l'obligeante communication du savant professeur de Genève, M. Hornung).

(3) **Cf.** avec la citation que nous avons faite de Strabon, Kantabres.

(4) Dans sa rencontre avec Diomède (*Iliad.* VI, 145), le Lycien Glaukos, mis en

Le droit criminel n'offre pas des traits moins accusés. La violence sur les femmes reçoit un châtiment terrible. « Tout viol est puni de mort (dans la Navarre française), que le coupable veuille ou puisse prendre sa victime pour femme (Cout. des Quatre-Vallées, 1300). La veuve, même de mauvaise vie, ne peut jamais perdre la jouissance des biens qui doivent revenir à ses enfants. »

Les femmes jouissaient, enfin, du droit d'asile, et les plus importantes décisions politiques étaient soumises à leur arbitrage : nous en avons vu un exemple dans le traité d'Annibal avec les Ibères en 218. Des documents historiques nous montrent, en 1316, les femmes appelées à voter avec les hommes dans la commune de Saint-Savin, et en l'an II (17 germinal), dans la vallée d'Azun.

« La coutume a de tout temps été observée, pratiquée en la vallée de Barèges, » disent les vieux documents. Vers le xvi⁰ siècle seulement, quelques modifications commencèrent à s'y glisser. Elle ne fut réformée qu'en 1768, sous l'inspiration de Noguès, député de la vallée de Barèges à l'assemblée réformatrice.

Le changement introduit sous la pression de la noblesse féodale, presque par la force, impressionna vivement les populations des vallées.

Le souvenir s'en est conservé jusqu'à nos jours dans une chanson populaire, où, sous les traits ironiques à l'adresse des puissances déchues, on aperçoit aisément de vieux sentiments froissés.

---

demeure d'indiquer sa généalogie, répond par cette comparaison restée célèbre dans l'antiquité : « Telles sont les feuilles dans la forêt, tels sont les hommes sur la sur-
» face de la terre ; les feuilles sont abattues par les vents, et la forêt qui reverdit en
» pousse de nouvelles. » Aux yeux du Lycien, les membres d'une même famille sont comme les feuilles emportées par le vent; il ne connaît que l'arbre qui reste, la souche, la mère : le Lycien qui doit nommer ses pères ressemble à celui qui voudrait compter les feuilles tombées.

Sous l'empire du droit paternel, Ulpien écrit : *Mulier familiæ suæ et caput et finis est*, la femme ne fonde pas de famille; quel que soit le nombre d'enfants qu'elle mette au monde, elle n'est pas continuée, et son existence est purement personnelle.

I.

Grand déplaisir en Lavédan :
La coutume va être changée ;
Que le bourreau de Pau
Lui eût fait faire le saut
Ou qu'une mauvaise brume
Eût pu étouffer
Le premier qui parla
De refaire la coutume !
. . . .

II.

. . . .
Celles de Barèges,
En dépit de leurs parents,
Choisissaient leurs époux.
Oh ! quel doux privilége !

III.

En Davantaygne, il faut aller,
Pour voir comme on s'y désole.
Tout est en pleurs,
Dans les bonnes maisons —
Surtout les héritières
Qui se voient retirer
Le droit de commander.
Ah ! les superbes ménagères.

IV.

Gardères, Luquet et Sérou
Sont en grande désolation.
Tout est en deuil
Dans les maisons,
Surtout les héritières.
Maudit soit le roi
Qui a fait la loi
Contre les héritières !

A la veille de la Révolution française, le vieux droit gynécocratique, dont l'origine se perd dans la nuit des âges, vient après
son long voyage à travers les siècles mourir en France dans une
chanson. Et, cependant, malgré les réformes du siècle passé,
malgré l'autorité qui a édicté la loi contre les héritières, malgré la
Révolution et le Code civil, cet étrange droit d'aînesse s'est main-
tenu en fait dans les vallées. La tradition persiste et sans cesse la
loi est fraudée, contournée de mille manières. Quand la fille se
marie, son nom s'ajoute à celui de son mari, est porté par ses
enfants, souvent même enregistré par l'état civil, complice des
mœurs rebelles. « L'usage, dit M. Cordier, défère encore aux fils
des héritières, le nom de la maison où ils sont nés : s'ils ont quitté
le pays, et qu'ils y reviennent imbus des idées de notre civilisation,
ils s'étonnent parfois du silence où l'on relègue la mémoire de
leur père, et ils cherchent, mais en vain , à dépouiller le nom
maternel. Bien que le Code civil ait changé la loi successorale au
profit des cadets, ceux-ci ne revendiquent pas toujours la pléni-
tude de leurs droits. Et encore dans le pays, quand c'est une fille
qui est l'aînée, elle devient le véritable chef de la famille, et en
réalité, la seule héritière. Alors encore elle exerce la puissance dans
la maison, et les gens du pays disent que son mari est son premier
domestique ; — au plus, son homme d'affaires. Il n'a apporté dans
la maison avec sa personne, que son travail et l'espoir d'une
postérité. Aux yeux de la société, c'est la femme qui personnifie
la maison et non le mari. Dans les relations de famille à famille,
elle intervient seule : à elle de recevoir, de rendre ces compliments de joie ou de deuil de la vie privée.... » — Immobiles
dans leurs positions géographiques et dans leur langue (comme le
remarque M. Cordier), les Basques n'ont reçu leur droit de
famille d'aucune invasion étrangère historique. Il y a donc
nécessité de rechercher leur origine dans une haute antiquité,
— probablement contemporaine de la civilisation des Céphènes.

IV.

Cette grande race brune, que les anciens appelaient du nom générique de Céphènes, et qui comprenait les Couschites, les Soudrâs, les Ethiopiens orientaux, les Kares, les Lybiens, les Nubiens, les Ethiopiens proprement dits, couvrit primitivement toute cette zone intérieure du continent, embrassant l'arc immense qui se développe de la mer des Indes jusqu'aux colonnes d'Hercule (1).

Les Berbères actuels, derniers débris de cette population qui occupait les terres africaines du Nil aux fertiles vallées de l'Atlas, ne sont autres que ces anciens Nubiens (2) qu'Hérodote nous représente déjà comme soumis au droit maternel (3). Chez les Touâreg, — les plus purs des Lybiens-Berbers, — l'enfant suit la condition de sa mère. Le fils d'un père esclave et d'une femme noble est noble ; celui d'un père noble et d'une femme esclave est esclave. (Cf. Lycie). *Le ventre teint l'enfant*, disent-ils (4). D'après leur droit civil et politique, les biens et les honneurs passent en ligne indirecte au fils aîné de la sœur du défunt (5).

(1) Voy. M. Vivien de Saint-Martin, *An. géog.* 1863.

(2) Les désignations de Nubiens, Lybiens, Ethiopiens se rapportent toutes à la race couschite, que, par une singulière erreur, on confond souvent avec la race nègre.

(3) Les Berbers sont une famille tout entière de ces populations primordiales de l'ancien monde, dont les affinités et les origines ont jusqu'à présent échappé à toute investigation. Les monuments les plus anciens les montrent comme autochthones et fils de la Terre africaine. Désagrégée par les conquêtes des Carthaginois, Romains, Grecs de Byzance, Vandales, Arabes, Turks, Français, cette race a disparu de la plus grande partie du territoire qu'elle occupait autrefois. Refoulée de la côte (Cyrénaïque, Marmarique, terre berbère Syrtes), il faut aujourd'hui la chercher au désert. (V. de Saint-Martin.)

(4) Sur les Berbères, voy. l'intéressant voyage de M. H. Duveyrier chez les Touâreg du Nord, et les travaux savants de M. Vivien de Saint-Martin. — Paris, Challamel, 1865.

(5) Les biens de la Noblesse se transmettent au fils aîné de la sœur aînée *sans division ni partage, et sans faculté d'aliéner.*

(Les Ethiopiens ont principalement leurs sœurs en honneur : leurs rois ne laissent « pas la couronne à leurs fils, mais aux enfants de leurs sœurs. » Hérod., 3, 20 ; Strabon, 17, 822 ; Nic. Dam. (*R. hist. gr.*, 3, 463). Les Berbers donnent de cette loi une raison qui témoigne peu de confiance dans la chasteté de leurs femmes. Chez eux, où la licence des femmes est grande, la famille n'a d'autre fondement que la maternité, toujours certaine. « Les Touàreg, dit M. Duveyrier, attachent un grand prix à la filiation maternelle. Entre eux ils distinguent par le nom d'Ebna-Sid, fils de leur père, les tribus qui, exceptionnellement et depuis l'introduction de l'islamisme, ont adopté la succession paternelle. S'il est un point par lequel la société targuie diffère de la société arabe, c'est par le contraste de la position élevée qu'y occupe la femme, comparée à l'état d'infériorité de la femme arabe. Non-seulement la femme chez les Targà est l'égale de l'homme, mais encore elle jouit souvent d'une condition préférable.

Elle dispose de sa main ; et, dans la communauté conjugale, gère sa fortune personnelle, sans être forcée de contribuer aux dépenses du ménage. Aussi arrive-t-il que, par le cumul des produits, la plus grande partie de la fortune est entre les mains des femmes. A Rhât, par exemple, toute la propriété foncière leur appartient (1). Des esclaves qui vaquent aux soins intérieurs de la maison, permettent aux dames targuies de se livrer à leurs plaisirs en toute liberté ; elles vont où elles veulent, sans avoir à rendre compte de leurs actes. Dans la famille, la femme s'occupe exclusivement des enfants, qui sont plus à elle qu'à son mari, puisque c'est son sang et non celui de l'époux qui leur confère le rang à prendre dans la société, dans la tribu, dans la famille. Elle dirige leur éducation, car, chez les Touàreg, la femme reçoit une éducation supérieure à celle de l'homme. Si le vieil idiome lybien dans toute sa pureté, si l'écriture berbère la plus ancienne (2) se sont conservés, c'est aux dames targuies

---

(1) On voit dans les légendes des Touàreg que, s'il s'agissait d'une distribution du territoire entre les tribus, il était donné aux dames douairières de chaque tribu noble.

(2) Teffnagh.

qu'on est redevable de ce miracle. « Miracle, en effet, dit
» M. Duveyrier. Dans tout le continent africain, les femmes
» lettrées se comptent par unités, tandis que chez les Touâreg
» toutes les femmes savent lire et écrire dans une proportion
» plus grande même que les hommes.

» L'autorité de la femme est telle que, bien que la loi musul-
» mane permette la polygamie, elle a pu imposer à l'homme
» l'obligation de rester monogame, et cette obligation est res-
» pectée sans aucune exception. » L'intelligence et l'esprit
d'initiative qui caractérisent la Targuie, étonnent à côté de la
société arabe, et expliquent comment quelquefois la femme,
chez les Touareg, est admise aux conseils de la tribu. « Dans
» toutes les traditions relatives à leurs coutumes exceptionnelles,
» dans leurs légendes historiques, la femme joue toujours le
» principal rôle ; et si l'islamisme est assez difficilement accepté
» par les Touâreg pour que leurs convertisseurs les surnomment
» renégats, la faute en est à la nouvelle religion qui subalternise
» la femme à l'homme. »

Chez les Bedja (sur qui régna autrefois la fameuse reine de
Saba), les généalogies se comptent également par les femmes, et
les héritages passent aux fils de la sœur ou à ceux de la fille, au
préjudice des enfants du défunt. Parmi les aborigènes de la
Haute-Nubie (Kordofan), qui, de même que le fond de la population abyssine, appartiennent à la vieille race éthiopienne, la
polyandrie se rencontre souvent, et les femmes jouissent d'une
liberté de mœurs absolue, dont l'opinion publique leur fait un
titre d'honneur et non de reproche. Enfin, les traits généraux du
droit de la mère se retrouvent dans l'ancienne Lybie, où, bien
qu'une partie des restes actuels de la population ait passé à
l'Islam, on les y reconnaît encore (1).

(1) Chez les Barea et Kunàma, les héritages passent en ligne indirecte :

1° Au frère de la même mère ; 2° Au fils aîné de la sœur aînée ; 3° Au second
fils de cette sœur et ainsi de suite ; 4° Au fils de la plus jeune sœur ; 5° A la sœur
du défunt.

Comme conséquence de ce droit successoral maternel, la vengeance du sang versé
n'incombe pas chez ces peuples aux fils du défunt, mais à ses neveux du côté de sa
sœur. — W. Munsinger, 1864. *Ostafrikanische studien.*

En ce qui concerne l'Egypte primitive, de nombreux indices donnent à penser que le droit de la mère a régi la plus ancienne période de sa civilisation, bien que nous devions ajouter aussitôt que les traces qui en subsistent ne sont pas absolument concluantes. Le despotisme impérial des Pharaons n'a pas constitué l'état originaire de l'Egypte éthiopienne : la société politique semble avoir, jusqu'à la xiie dynastie, vécu sur des bases différentes.

Le lecteur, que la fable des Danaïdes a conduit aux pays du Nil, a pu remarquer combien l'accusation de tyrannie portée contre les fils d'Egyptus était inconciliable avec le régime des Pharaons : l'idée de l'*Imperium* est connexe à celle des droits de l'homme ; et sous son règne, jamais une légende qui représente l'homme comme *violant un droit*, alors qu'il exerce sa puissance, n'eût trouvé d'éléments à sa formation.

L'Egypte paraissait aux Grecs un monde renversé. Hérodote, entr'autres, ne cache pas sa surprise d'y voir les rapports des sexes, si différents de ce qu'ils étaient dans son propre pays. La maternité, formant le fond de la religion égyptienne, on comprend aisément l'assimilation des femmes avec leur déesse, assimilation révélée par plusieurs monuments, et notamment par un passage de Diodore : « En raison des nombreux bienfaits » d'Isis, écrit l'auteur grec, il avait été établi que la reine jouirait » d'une puissance supérieure à celle du roi, et qu'elle recevrait » plus d'honneurs que lui. Parmi les personnes privées, la » femme, par son contrat de mariage, obtenait le pouvoir sur » son époux (1). » La puissance dominicale paraîtrait s'être étendue jusque sur les enfants. Les anciennes inscriptions hiéroglyphiques des momies ont, semble-t-il, porté généralement le nom de la mère sans indication du mari, et il n'est pas rare de voir sur des tombeaux égyptiens, la fille, au détriment de son

______

(1) La Reine, dans toutes les dynasties, a porté le titre de *Mère sainte*. Antoine n'a pris les attributs d'Osiris que parce que Cléopâtre était revêtue de la dignité et du nom d'Isis. Lorsque le droit paternel des Romains commença à s'affaiblir, l'Ibère Hadrien permit à Sabine de prendre le titre de Neà Dêmèter.

frère, héritière des titres honorifiques de la mère commune (1). Les actes publics égyptiens ne mentionnaient le plus souvent que cette dernière : dans le cas où le nom du père accompagnait celui de son épouse, ce dernier était fréquemment précédé du nom de la mère du mari. On pourrait même supposer que ce n'est qu'à dater des établissements grecs que la mention seule du père a commencé à s'introduire (2). Un officier public, Paniscos. dans un rapport adressé au roi Philométor (3), lui annonce que, suivant *la loi qu'il a promulguée récemment*, il enregistre les noms des contractants d'après *celui que porte leur père.*

Mais, c'est surtout dans un procès, qui eut lieu en 117 avant J.-C, entre deux Egyptiens, nommés Hermias et Horus (4), que l'on aperçoit la différence profonde entre les vieilles et les nouvelles coutumes. L'avocat d'Horus, devant le tribunal des Chrématistes, en réponse à son adversaire qui invoque le vieux droit indigène, lui reproche d'oublier, premièrement qu'il n'est pas en présence d'un tribunal national, et, secondement, s'il se place sur le terrain du vieux droit indigène, d'avoir négligé lui-même les antiques prescriptions, « car, dit-il, il n'a point prouvé sa des-
» cendance maternelle, ni la généalogie de ses aïeux maternels,

(1) Tels les tombeaux des Sensaos près de Thèbes.

M. Champollion s'exprime ainsi au sujet d'une momie : « L'insc. hiéroglyph. ne
» contient pas le nom du père qui est dans l'insc. grecque, mais elle porte celui de
» sa mère, Tekoni ou Takoni, selon l'usage plus général des Egyptiens.

(2) Πατρόθεν. Innovation à laquelle on peut rattacher la remarque de **Reuvens** que, « quand les enfants d'un même père étaient issus de mères différentes, le corps
» des actes égyptiens exprimait cette circonstance que les enregistrements grecs
» passaient sous silence. »

(3) M. Bachofen pense que chez les Ptolémées, le titre de Philométor est un titre indicatif du droit au trône. L'exemple de l'indigne reine Kokkè témoigne que c'est une désignation générique et non un surnom individuel. Kokkè fut célèbre par sa haine contre sa mère, qu'elle chassa du lit conjugal. Son fils Alexandre qui, pour sa propre sauvegarde, la fit assassiner, porta également le titre de Philométor (qui aime sa mère), désignation dont il faut chercher l'origine dans les racines mêmes du vieux droit successoral égyptien, dans l'organisation gynécocratique de la famille.

(4) Papyrus de Turin ; Cf. Letronne. *De la civil. égypt.* 44.

» et la simple déclaration de sa personnalité est complètement
» insuffisante (1).

Les papyrus, qui se rapportent aux ventes, placent au premier
rang, le nom de la mère et la filiation par les femmes. Le même
Hermias a gagné autrefois un procès contre Armaïs sur le seul
témoignage du cadastre foncier, qui portait inscrit au nom de
son aïeule maternelle, le champ qu'il réclamait. Si nous sommes
autorisés à en conclure que la propriété territoriale, la principale
richesse de l'Egypte, a été, dans les temps reculés, consignée
sous le nom maternel, nous aurons également quelque raison
d'admettre que la fortune du pays était entre les mains des
Egyptiennes. La possession des biens, une des causes de leur
haute position sociale, expliquerait comment, en Egypte, *l'obli-*
gation de nourrir les vieux parents incombait non aux fils, mais
aux filles, même contre leur gré. Une pareille loi ne pouvait manifestement s'appliquer qu'à l'héritier, qui, avec les bénéfices,
supportait les charges de la fortune (2).

Si nous portons nos regards à l'Orient, du côté de la Chine et
de l'Inde, nous rencontrerons encore maints souvenirs gynécocratiques, dont l'énumération nous conduirait malheureusement
hors des bornes fixées à cette rapide étude. Contentons-nous
d'emprunter aux annales de la Chine (3) un document important :

---

(1) Cette indication de la mère en justice, le fait de ne pouvoir défendre ses droits
qu'après la preuve de l'état civil par les femmes (comme le fils locrien) est assurément digne d'attention.

(2) Mentionnons encore ce passage curieux de Sophocle : « Semblables aux
» Egyptiens, chez qui les hommes font les ouvrages des femmes, tandis que celles-ci
» traitent les affaires, ils se tiennent renfermés chez eux, etc... » (*Œdipe à*
Colonne, v. 339).

Hérodote a cherché à expliquer le manque de virilité des Egyptiens par leur
faiblesse physique, suite d'une vie sédentaire attachée aux métiers. Les mêmes causes
paraissent avoir agi sur les Etrusques et le Lydiens, qui avec les Egyptiens sont les
peuples essentiellement industriels de l'antiquité. (Voyez encore sur les mœurs
féminines des Egyptiens, Diodore et Nymphodore.)

(3) Voyez *in extenso* Klaproth, *May. asiat.* 230. Les détails dans lesquels les
chroniqueurs chinois entrent, au sujet des royaumes de femmes, peuvent, à notre
avis, faire considérer leur narration comme un document historique : elle en a toutes
les allures. Il serait étonnant que les rapports fréquents avec la Chine, les tributs à

Grâce aux détails que les historiens du Céleste-Empire nous fournissent sur un pays gouverné par des femmes, l'existence des Etats féminins prend tous les caractères d'une vérité historique.

« Le pays des femmes, disent les chroniqueurs chinois des dynasties Soui et Thang, limité à l'est par le Szutchouan, à l'ouest par le San-po-ho, au nord, etc., etc..., se mesure de l'Orient à l'Occident par 9 journées de marche ; du nord au sud, par 20 On y compte 19 villes, 40,000 familles, 10,000 hommes de troupes d'élite. Une femme le gouverne. Les ministres portent le nom de Kao-pa-li ; les mandarins de l'extérieur sont tous hommes et portent le titre de Ho. Les mandarins de l'intérieur sont femmes et transmettent aux premiers les ordres de la souveraine, qui, tous les cinq jours, tient son lit de justice. La cour de la reine est composée de quelques centaines de femmes. Lorsqu'elle vient à décéder, c'est une « petite reine » (1) jusque-là héritière présomptive, qui lui succède..... A la mort d'une femme, c'est sa bru qui hérite..... Dans ce pays, on fait peu de cas des hommes ; les femmes seules y sont estimées. De sorte que les hommes adoptent le nom de famille de leur mère (2)..... Sous la dynastie des Soui (en 586 ap. J.-C.), il vint une ambassade de ce pays, qui apporta le tribut..... » Les historiens chinois énumèrent sept ambassades différentes entre 648 et 793, époque à laquelle le Sufala-niu-Koschulo (pays oriental des femmes) fut enclavé dans les limites de l'empire. Ils font également mention d'un royaume de femmes, placé sur les bords de la mer occidentale (Caspienne), et lui reconnaissent des mœurs pareilles à celles du pays oriental : l'empire occidental n'aurait pas envoyé d'ambassade en Chine avant l'année 634 de notre ère (3).

payer, les ambassades, les événements qu'elle relate fussent de pure invention. — Voyez encore de Paravey, *Dissertation sur les Amazones*, dont le souvenir s'est conservé en Chine. Paris, 1840.

(1) Cf. Klité.

(2) Cf. Lycie, Basques.

(3) Il est difficile de ne pas accorder quelque créance au document chinois, surtout si l'on remarque sa parfaite concordance avec ce que les anciens nous ont laissé touchant les Etats gynécocratiques. En premier lieu, le degré de civilisation est le

Ce curieux récit nous amène à parler de ces nations de femmes qui occupent, dans les annales de l'antiquité, une si large place, des Amazones.

VII.

Le mythe n'est autre que la langue gracieuse dans laquelle les Grecs ont écrit l'histoire de leur enfance, conservé leurs expériences primitives, raconté leurs dieux, chanté la nature. C'est le style de la narration nationale particulier à ce peuple de poètes, tout comme la monotone série des généalogies fut le mode que les Sémites employèrent à consacrer la mémoire du passé. Le mythe est une forme, rien de plus, où vinrent se fondre les sentiments généraux de la race, les leçons du temps, où les grands événements s'incrivirent en caractères artistiques. Malgré la difficulté réelle qu'il y a à séparer le fait primordial des embellissements poétiques, le fond fut à l'origine une vérité populaire, dispensée de critique, imposée à la conscience de tous. La légende est un écho qui répète, et les sons qu'elle nous renvoie appartiennent à un idiome d'abord inintelligible. Faut-il donc renoncer à les interpréter ? Au nom de notre sentiment moderne, blessé par des apparitions contraires aux lois actuelles, quelques-uns « manquant de courage scientifique » (1) ont nié, alors qu'il

même : ces sociétés féminines en sont aux résidences fixes des villes et à l'agriculture ; 2° le caractère de grande paix (σωφροσύνη, εὐνομία, εἰρήνη) est le même qu'en Lycie, en Carie, à Locres, etc. ; 3° l'office de grand-juge est aux mains de la reine, et ne peut être que la suite de son caractère religieux ; il est enfin impossible de le séparer des cérémonies magiques de la onzième lune (Voyez le texte de Klaproth) qui révèlent un culte de la lune ; 4° le nom de la mère prévaut ; 5° l'héritage par les brus indique que la ligne masculine est exclue des successions.

(1) Max Müller sur M. Grote. Cet historien si remarquable lorsqu'il traite de l'organisation politique des Hellènes, n'ayant pu « déchiffrer le livre de loch de » l'Argô, ou connaître son équipage, » ne suppose au voyage des Argonautes d'autre origine que le cerveau d'un conteur. Ce positivisme anglais qui recule devant l'investigation du mythe, simplifie assurément la tâche de l'historien.

s'agissait d'expliquer. Ils ont oublié que le premier devoir de la critique était d'étudier le fait en soi, avant de le soumettre au critère du xixe siècle, et sont entrés dans les nécropoles du monde ancien, décidés à n'extraire que les fragments capables d'être adaptés à l'édifice moderne. Aussi ont-ils rapporté l'idée antique, incomplète, défigurée. Cependant, les magnifiques résultats de l'école d'Ott. Müller, les découvertes de la mythologie comparée, ont trop clairement établi la nécessité d'étudier la fable, pour que nous nous croyions obligés de justifier son immixtion dans le débat (1).

La légende des Amazones ouvre l'histoire de tous les peuples classiques. Du fond de l'Asie jusqu'à l'extrême Occident, au couchant de l'Afrique, on suit la trace de leurs innombrables sociétés, que les auteurs grecs n'ont connues qu'éteintes, mais dont ils nous ont transmis le souvenir. L'imagination populaire, vivement frappée, a consigné dans l'histoire orale de ces époques anciennes, la fable, la mémoire d'un fait réel, mais dont les caractères d'authenticité et de crédibilité, ont disparu plus tard sous les brillantes fictions de la poésie.

Le souvenir des Amazones revenait en Grèce dans d'incessantes reproductions artistiques : on voyait leurs tombeaux en Thessalie, à Skotyssa et à Cynoscéphales, à Chalcis en Eubée, à Chéronée, à Mégare, à Trézène, sur le promontoire du Ténare, en face de Cythère ; à Athènes, ceux d'Antiope et de Molpadia. L'Amazone était un thème spécialement en faveur dans l'art grec : peintres, poètes, sculpteurs, le reproduisaient sous mille formes.

Dans Athènes, de nombreux monuments conservaient leur mémoire, comme l'Horkomosion près du temple de Thésée ; l'Amazoncion au nord-ouest de la ville ; la colonne des Amazones, au sud, sur la rive gauche de l'Ilissos, etc..... Ils permirent aux écrivains des temps historiques de décrire les lieux des combats contre les femmes guerrières, et de déterminer leur ordre de bataille. Au Pœcile, la guerre des Amazones occupait la moitié

(1) V. M. Hill, sur Ott. Muller.

des murs, à côté de la prise de Troie et de la bataille de Marathon (1). Elle était encore reproduite dans le temple de Thésée, sur le bouclier du Parthénon, sur la base de la statue de Jupiter Olympien.

La croyance aux empires féminins a été un article de foi pendant presque toute l'antiquité, ne rencontrant que de rares sceptiques. M. Grote, obligé de reconnaître la place prodigieuse que cette légende occupe chez les Grecs, ajoute que les vicissitudes du combat des Amazones au cœur de la ville, ainsi que le triomphe final, étaient racontés par les auteurs athéniens avec une foi complète, et autant de détails que la bataille de Platée, par Hérodote; que cet événement était pris à témoin par les orateurs populaires, avec Marathon et Salamis, parmi ces antiques exploits dont leurs concitoyens pouvaient être fiers.....

Chez les Grecs d'Asie, le nom des Amazones revenait plus fréquemment encore. On leur attribuait la fondation de Sinope, Themiskyre, Mitylène, Myrina, Kymè, Smyrne, Ephèse, Priene, Paphos, etc....., et l'on supposait qu'elles avaient autrefois possédé une vaste étendue des territoires de l'Asie-Mineure. Du Caucase à la mer de Cilicie, le long du littoral, nous rencontrons des centres d'Amazones (2). Ptolémée en mentionne dans le voisinage de la mer Caspienne. Le géographe allemand Ritter, frappé de l'intervention des femmes dans les combats, chez les Kurdes du Haut-Kurdestan, de la liberté de leurs mœurs et de la puissance qu'elles exercent, suppose que les Kurdines des districts boisés de l'Hallabji sont de la race des guerrières qu'Atropatès conduisit à Alexandre. Le conquérant fit, en effet, reposer son armée sur le riant plateau de Khava, où se trouvaient les célèbres pâturages des hautes prairies de l'Hippobotos. L'Héradide macédonien eut plusieurs rencontres avec les Amazones.

---

(1) L'art et la poésie ont souvent rapproché la guerre des Amazones, des luttes contre la Perse ou de l'expédition de Troie, toutes des combats contre l'Asie. Un tableau de Mikôn réunissait les guerres des Perses et des Amazones. Le vase de Darius à Naples offre une composition semblable.

(2) Dans ce sens : Appien; Théophanes, qui accompagna Pompée dans ses expéditions, en signale dans les régions montagneuses du Caucase.

D'après les anciens, Thalestris, qui se rendit au-devant de lui avec 300 guerriers, paraîtrait avoir régné sur les pays de la Colchide, au pied du Caucase. Justin reconnaît l'existence de vastes empires d'Amazones dans les temps reculés. Il n'en restait, dit-il, qu'un petit nombre à l'époque d'Alexandre, et peu après leur race s'éteignit. Arrien tient leurs sociétés pour un fait incontestable avant les conquêtes des Grecs. D'après Pindare, il faudrait chercher le point de départ des Amazones sur les bords du Thermôdon, et le long de la côte de Themiskyre.

Diodore s'étend longuement sur leur Reine, qu'il dépeint comme très-guerrière, et qui se surnommait fille d'Arès (Mars). Priam qui dans Homère se vante de les avoir combattues sur les bords du Sangarios, au nord de la Phrygie, les reçoit comme alliées après la mort d'Hector (1). En Lycie, la victoire de Bellérophon sur les Amazones resta longtemps populaire : on les représentait sur les monuments funéraires comme gardiennes des tombeaux.

La légende nous conduit en Afrique. L'ancienne Lybie paraît incontestablement avoir été le siége d'un monde amazonien (2). D'après Diodore, « l'Afrique possédait plusieurs races de femmes guerrières, d'une extrême bravoure, et semblables à celles qui, à des époques plus récentes, c'est-à-dire avant la guerre de Troie, avaient élevé un empire florissant sur les bords du Thermôdon. » La description de leurs mœurs ressemble, à s'y méprendre, à celle qu'Hérodote, Sophocle et Nymphodore nous ont laissée des Egyptiennes. Myrina, continue Diodore, fit la conquête d'une grande partie de l'Afrique, vint en Egypte où elle fit un traité d'alliance avec Horus, fils d'Isis, alors Roi du pays. C'est un rapprochement assez singulier que celui des Amazones et du fils d'Isis, la grande mère. L'alliance des Lybiennes avec cette Egypte primitive, n'a-t-elle point été le résultat de certaines

(1) Dans l'antiquité, il existait une édition de l'*Iliade* finissant par ces mots : Ainsi s'accomplirent les funérailles d'Hector ; ensuite vint l'Amazone, fille de Mars, le tueur d'hommes.　　　　　　　　　(*Hill.* sur Ott. Müller).

(2) Cf. avec les Danaïdes, ces vierges guerrières, qui soutiennent leur droit par la force.

affinités sociales (1)? Hercule a vaincu les Gorgones comme les autres Amazones, dans son expédition au couchant de l'Afrique. Persée triomphe de leur reine Méduse. Les Gorgones, prototype des Amazones, sont à la tête des Lybiennes.

Ce n'est pas ici le lieu de poursuivre la liste inépuisable des légendes d'Amazones. Mais tout lecteur familier avec l'antiquité classique se rappellera, sans peine, le rôle important que cette tradition joue dans les origines grecques. Quelles sont donc les causes qui ont pu lui donner naissance ?

La légende, suivant M. Bachofen, a sa source dans une réaction de la femme contre l'hétérisme. Ce fut, pense-t-il, à l'origine, une révolte contre l'homme qui abusait de ses droits, révolte à main armée, et, comme toutes les réactions, sanglante. Le soulèvement des femmes, au nom de la conservation de la famille, aurait été, selon l'auteur allemand, le caractère distinctif des époques qui ont précédé les gynécocraties fondées sur le mariage, à l'heure où la famille n'existait absolument qu'entre la mère et l'enfant. Il est important de remarquer que l'apparition des Amazones se rattache partout à une période d'hétérisme, et partage avec elle la même universalité, comme si, en tous lieux, la même cause avait appelé le même effet.

Toutes les versions de la fable représentent les femmes massacrant leurs maris et n'en gardant qu'un nombre peu redoutable dans la proportion des mâles dans les ruches d'abeilles, pour perpétuer la république. Exercées au métier des armes et à la lutte, les vigoureuses matrones des âges primitifs n'auraient

(1) Cf. Egypte. Strabon signale dans cette dernière contrée une cité régie par des lois féminines. (Voyez sa γυναικῶν πόλις).

Lepsius, dans son voyage en Egypte, fait observer que depuis une haute antiquité, il y a eu, dans les pays du sud, une grande prédominance du sexe féminin. Que l'on remarque, dit-il, le grand nombre de Reines, désignées comme ayant gouverné l'Ethiopie. Sur les monuments de Meroe, on voit figurées des Reines guerrières, qui sans aucun doute ont régné.

(Chez les Bega, les ancêtres des Bischari actuels, que Lepsius tient pour les descendants directs des Ethiopiens de Meroe, la généalogie se compte par les femmes, et les héritages se transmettent à la ligne féminine).

point craint d'employer la violence (1). La chute des gynécocraties étant souvent unie, dans la narration mythique, à la destruction des Amazones, il est possible que les empires féminins sous l'excès de leur propre principe soient redevenus amazoniens. Mais en règle générale, l'Amazone précède la mère de famille qui va régner dans le mariage démètèrien : elle est le signal d'un progrès, troublé souvent et violemment dans son développement.

La civilisation des femmes révoltées repose sur le grand principe de la détermination de la famille au moyen de la mère. Elles comptent leurs généalogies par leurs mères, disent les auteurs grecs, et lorsque les Amazones de Lemnos sont vaincues par les Argonautes, elles appellent les enfants qu'elles en ont du nom de leur père, trait que la fable nous a conservé comme une innovation. La fondation d'une colonie, telle est la fin de toutes les versions de la légende : du Nil aux rives du Pont, de l'Asie jusqu'en Italie (2), elles se domicilient, fondent des villes et se

(1) A l'appui de son opinion, M. Bachofen aurait pu faire remarquer le courage et la force physique des femmes chez certains peuples à demi-sauvages. De nos jours encore, les meilleures troupes du roi de Dahomey sont un corps de 10,000 Amazones, indomptables guerrières, qui font l'étonnement des voyageurs. Elles seules osent affronter les chasses à l'éléphant. Leur bravoure est féroce. Elles s'acharnèrent récemment à un siège de deux ans, que les autres troupes, quoique armées à l'européenne, avaient abandonné, et ne revinrent que victorieuses. Elles interpellent de l'épitbète : « Tu es un homme, » celles de leurs compagnes qui montrent quelque lâcheté.

(2) On voit dans le sud de l'Italie plusieurs vestiges d'Etats féminins : Tarente, Kaulon, Locres, Klité. Cette dernière ville était une colonie de l'Asie-Mineure, fondée par une Amazone éponyme. On y retrouve *une petite reine,* subordonnée à la grande, comme celle dont nous parlent les chroniqueurs chinois. Le nom de Klité s'aperçoit sur plusieurs points du bassin de la Méditerranée, toujours rattaché au souvenir d'une Amazone. (Voy. ce que Diodore dit de Circé et de ses compagnes guerrières). L'histoire des Amazones dans le sud de l'Italie rappelle toujours celle des guerrières du Thermódon, de la Lybie, — développement pacifique et agriculture. Le sort ordinaire de leurs sociétés en Europe a été une destruction violente et soudaine. Dampier nous fournit de précieux renseignements sur la transformation lente et graduelle des gynécocraties en Asie, dans les royaumes de Patane, de Malacca et d'Achim à Sumatra. A Achim, le pouvoir des reines était tombé dans la suite des âges à une simple puissance de parade : pendant que le gouvernement appartenait au

livrent à l'agriculture. L'observation de peuples encore vivants démontre que les femmes se sont les premières adonnées aux travaux des champs ; l'homme chasseur par nature ou pasteur ne s'y est appliqué que tard. L'antiquité abonde en récits où les femmes, pour mettre un terme à la vie errante, brûlent les vaisseaux et donnent leur nom aux cités, ou aux plus anciennes divisions du sol.

Cependant, malgré le respect que nous impose l'autorité scientifique de M. Bachofen, nous avouerons que son explication ne nous paraît pas entièrement convaincante. Il est possible que sur quelques points se soit offert le singulier spectacle d'une révolte armée de la femme ; mais nulle organisation durable ne peut certainement être sortie d'un pareil accident. Ce n'est point par le droit de l'épée que la femme a établi son empire sur les hommes ; ce n'est point la force brutale par laquelle elle a dompté le fort. Le prestige religieux et la nécessité juridique de la filiation dans la famille ont seuls pu lui assurer cette étonnante influence, dont les preuves évidentes se rencontrent chez quelques peuples. La femme, dans les sociétés gynécocratiques, parvenue à la direction de l'Etat, a pu paraître dans une armée comme Reine, entourée d'une cour féminine, ou, comme chef de la famille, figurer à la tête du clan, et matrone sainte, présider les guerriers, ses parents. Quelquefois même, en face de l'agression étrangère, et menacées dans leurs lois organiques, les femmes ont pu combattre parmi les défenseurs du pays, ainsi que cela s'est vu dans les dernières guerres du Caucase : leur participation à la lutte suffirait seule déjà à expliquer la naissance du mythe. Mais il y aurait à la formation de la légende, une cause plus simple et plus probable.

Les Amazones ne seraient, à notre avis, que les hiérodules, propres aux peuples de race brune.

Les anciens tenaient généralement les Amazones pour éthio-

ministre, la princesse, entourée de respects, était réduite au seul simulacre de la royauté, et demeurait enfermée dans son palais. Quelques chefs puissants se débarrassèrent, enfin, de cette ombre de Reine. Ce fut ainsi que finit un pouvoir qui, dans le principe, reposait sur sa propre force.

piennes (1), et la grande masse des traditions nous reporte, en effet, à l'Asie et à l'Afrique. Nous avons dit que la divinité supérieure de ces peuples fut la grande mère, une Artemis (2), Aprodite, Astarté, Mà, Dindymène, dont le nom seul variait, mais qui fut toujours une déesse de la reproduction. Lorsque les Hellènes se répandirent sur la Grèce et ses îles, ils furent en présence de peuples, dont les établissements étaient antérieurs à leur arrivée, et qui suivaient la religion de la grande déesse. Le conflit qui résulta de la rencontre de civilisations ennemies prit un caractère religieux, car les populations orientales luttèrent pour une religion, dont la vitalité répondait de celle de leurs propres sociétés, et les déesses furent mises en cause, parce que l'ordre civil et politique se trouvait menacé. Les premières rencontres eurent lieu sur le sol même de la Grèce. Le plus ancien nom des îles de Samothrace, Lemnos et Lesbos (près de l'Hellespont), fut *Ethiopie*, dont la signification ethnique fut oubliée à une époque postérieure.

Lorsqu'aux temps historiques, l'Ethiopie devint un pays déterminé, on déplaça inconsciemment toutes les traditions éthiopiennes de provenances géographiques diverses, pour les fixer dans la région africaine. Mais le fait du conflit originaire sur la terre grecque n'en demeure pas moins constant. Les Arŷas chassèrent de l'Hellade les populations asiatiques. Leurs fables ne laissent point de doute à cet égard. Dans tous les lieux où se sont établis les Hellènes, une Amazone, qui semble jouir du don d'ubiquité, s'offre au premier rang des personnages héroïques (3).

---

(1) *L'Epopée* d'Arctinos de Milète, qui traitait d'Achille et de Penthésilée, était intitulée : l'*Ethiopide*.

(2) Cette Artemis asiatique, à laquelle les femmes offraient le sacrifice de leur virginité et qui, à son origine, a été une *magna mater*, n'a rien de commun avec celle qui plus tard fut donnée pour sœur à Apollon. La première, confondue à Smyrne et à Ephèse avec Mà, est souvent identifiée à Dêmêtêr, et porte le surnom de la race dont le teint est bruni par le soleil : *Ethiopia*, c'est-à-dire visage enflammé.

L'Artemis grecque, ayant été une Diane chasseresse, les commentateurs ont alors traduit son surnom d'Ethiopienne par *visage hâlé à la chasse*, qui, croyons-nous, ne reproduit pas la signification primitive.

(3) Ces quelques lignes n'ont d'autre but que de rappeler à l'esprit du lecteur cette

Le culte de la Déesse était desservi par des troupes nombreuses de Hiérodules, qui, revêtues d'armures, honoraient la divinité par des jeux guerriers, suivaient les armées et se livraient aux hommes

En Béotie, les traditions locales conservaient le souvenir d'un culte de déesses guerrières et de combats d'Amazones, pareils à ceux qui avaient lieu sur la côte d'Afrique, chez les Auséens, où Hérodote nous apprend que des jeunes filles armées exécutaient des tournois sanglants aux fêtes d'une déesse indigène. Les légendes béotiennes rattachaient à ce culte le nom des deux fleuves essentiellement amazoniens, le Triton, de la petite Syrte, et le Thermôdon, de Thémiskyre, qui se retrouvent en Grèce, près d'un *Ethiopion* et d'un *Amazonikon* (1). Les tombeaux d'Amazones que l'on montrait dans le pays, étaient d'anciens sanctuaires de la Grande-Déesse. Leurs monuments funéraires, à Athènes, indiquaient les lieux où jadis étaient situés, dans la future ville grecque, les autels d'une Aphrodite armée de Syrie, ou d'une Dindymène de Carie (2). Lemnos est le nom même de la déesse qu'Aristophane appelle Bendis, une Diane primitive. La fable constate l'établissement des Amazones aussi bien à Lesbos qu'à Kymé ou dans la Troade. Myrina, surprise par un orage, avait

---

intéressante question, qui comporterait de longs développements. De nombreuses traditions, des mythes religieux, des noms de localités, de peuples, quelques fragments artistiques, épaves d'une antique société, indiquent une Grèce préhellénique, qui appartient à l'Orient, plus encore peut-être qu'aux Pélasges. Les cultes asiatiques s'étendirent sur la presqu'île entière.

Le rapprochement de l'ethnique *Ethiopie* et des Amazones, qui semblent transporter ce nom avec elles, à travers la Grèce, rentre directement dans notre étude sur les peuples de race brune, et n'avait pas encore été fait, à notre connaissance du moins.

(1) L'oracle de Dodone passait pour le plus ancien de la Grèce : on attribuait sa fondation à des prêtresses, et on la rattachait à celle de l'oracle d'Ammon, en Lybie.

(2) La légende veut que les Amazones aient élevé une forteresse au lieu qui fut, depuis, le temple des Euménides. Les Erinnyes primitives, avant de se soumettre, comme nous l'avons vu, à Athènè, et de perdre leur caractère féroce, sont des déesses étrangères aux Grecs. Leur histoire est pleine de sang. Quand Erinnys devine la présence d'Oreste (Eschyl.), elle dit : « Une odeur de sang humain flatte mes » sens. »

consacré Samothrace à la Mère des Dieux (1), c'est-à-dire à une Magna Mater.

La mémoire de l'occupation du territoire de l'Hellade par des peuples et des cultes étrangers, s'aperçoit surtout dans les vieux mythes de l'Attique, où les Amazones font l'effet d'un peuple voisin, en possession du sol conquis, plus tard, sur elles. (Les marques profondes qu'elles y ont laissées, ont porté quelques auteurs à supposer que les couches préhelléniques ont pu être nettement amazoniennes). Thésée est un souvenir confus de l'expulsion des religions asiatiques. La tradition rapportait qu'avant le règne d'Egée, Porphyrion avait consacré, en Attique, un sanctuaire à la déesse de Cythère, Aphrodite-Areia ou Armée. Porphyrion signifie « homme de la pourpre » et désigne, dans la fable, les peuples de l'Asie-Mineure (2). Lorsque les Grecs chassèrent de leur pays la divinité orientale, ce furent les Asiates eux-mêmes qu'ils expulsèrent.

Athènes célébrait une double fête de Thésée et des Amazones (3). Le héros avait attaqué les guerrières au cri d'Apollon (*iè paián*), et, dans l'Orestéide, l'innovation du droit apollinaire dépend du premier tribunal d'hommes, assis sur l'emplacement de l'ancien camp des Amazones, la colline de Mars. Le souvenir de la victoire, longtemps disputée, un instant douteuse, avait été conservé dans la fête des Boëdromies, consacrée à Apollon.

(1) La tradition universelle rapportait aux Amazones l'origine du culte d'Artemis, et la fondation de son temple à Ephèse. Pausanias donne *comme un fait historique que des femmes de la race des Amazones* demeuraient encore auprès du temple d'Ephèse, à l'époque ionienne. Ottf. Müller pense que la Cappadoce a été la véritable patrie de cette divinité et des hiérodules guerrières.

(2) Ils occupaient Cythère, où, d'après Hérodote, ils avaient apporté le culte de la Déesse de la côte syrienne.

(3) La victoire de Thésée était celle du principe apollinaire, la femme ramenée à sa destination naturelle, et soumise à l'homme dans le mariage. A Pyrrhicum, en Laconie, se voyait une image d'Apollon-Amazonien. A Lemnos, la tradition rattachait également la destruction des Amazones à l'établissement du culte d'Apollon.

Thésée supprime le tribut sanglant payé au Minotaure ; Oreste, les sacrifices humains d'Artemis : le héros dérobe l'image de la Déesse, c'est-à-dire soumet Diane à la loi d'Apollon, et Electre, la femme des temps nouveaux, soumise dans l'intérieur de la maison, succède à la farouche Clytemnestre.

Thésée, Persée, Achille, sont la personnification d'événements historiques considérables, la destruction des gynécocraties. C'est par sa victoire sur Antiope, que Thésée occupe une place si considérable dans la légende. Hérodote et Pausanias appellent son œuvre « le service éclatant dont Athènes s'est rendue la créancière vis-à-vis de toute la Grèce. » Le grand travail d'Hercule est sa lutte avec la reine Hippolyte. Les anciens pensaient que le demi-dieu, qui avait entrepris la réforme du genre humain, n'avait pas cru devoir laisser des peuples sous la domination méprisable des femmes. Euripide remarque que l'Attique a toujours été fatale aux femmes de la Crète, c'est-à-dire aux civilisations féminines de l'Orient. Athênê qui porte, avec Apollon, le surnom de paternelle, πατρῷα, défend à son protégé, Thésée, de demeurer avec Ariadne. Athênê interdit la ville qu'elle fonde à Aphrodite-Ariadne, qui ne doit pas dépasser Naxos ; malheur aux déesses crétoises qui y voudraient pénétrer.

Ce que nous venons de dire est suffisant pour montrer l'établissement dans la Grèce antéhistorique de cultes de la Déesse. Les jeunes filles qui les desservaient, consacrées à la déesse de la beauté féminine et de la prostitution, étaient choisies parmi les plus belles. Elles se livraient aux jeux gymniques, aux tournois, et, couvertes de brillantes armures, s'élançaient sur des chevaux fougueux (le cheval est inséparable de l'Amazone dans la plupart des légendes). Lorsque les Grecs attaquèrent leurs temples, les Hétaires sacrées les défendirent intrépidement : car, avec le sanctuaire, tombaient leur déesse, leur prestige religieux, leurs priviléges, et toute une société qui les entourait de respects, d'honneurs et de richesses. L'imagination des envahisseurs, facile à émouvoir, s'intéressa à ces belles héroïnes, et du conflit avec les Asiatiques ne garda que ce souvenir ; de là aux compositions artistiques de l'Amazone, il n'y avait qu'un pas ; la création d'une Penthésilée mourant aux bras d'Achille, devint la poétique narration d'un fait réel. Nous ne croyons donc pas à l'existence de sociétés d'Amazones, même de courte durée, si, par ce nom, l'on entend des Etats exclusivement féminins, et la légende ne nous paraît qu'un souvenir des nations gynécocratiques, conservé par leur côté le plus romanesque et le plus séduisant, — les hiérodules.

Quoi qu'il en soit de cette hypothèse, la constante réapparition d'un conflit dans les contrées où le droit de la femme a entièrement disparu sous la puissance masculine, nous a conduits à nous écarter de la théorie de M Bachofen. Il nous a paru que ce n'est qu'aux lieux où deux races se sont heurtées violemment que l'homme a établi son droit incontesté de père et de chef. Dans ce triomphe brutal, nous ne pouvons voir le résultat d'un développement régulier et progressif d'une même civilisation, mais bien la preuve de l'effacement d'une race et de ses coutumes séculaires sous la pression de civilisations nouvelles, importées et imposées. Les races brunes, abandonnées à leur propre évolution, offrent à l'homme, comme dernier terme de leur progrès dans la famille, des droits égaux à ceux de la femme, non le *dominium*, et les images sensibles auxquelles est soumise chez elles l'intelligence de la paternité, reposent toujours sur la fiction du *fait réel*. La filiation par les femmes est incontestablement un mode logique pour déterminer avec certitude une parenté ; mais là où des preuves positives ne viennent pas révéler son existence, nous ne pensons pas qu'on puisse l'ériger en norme invariable des races humaines sans exception (1).

Ainsi, il nous paraît difficile d'admettre avec M. Bachofen que la race aryenne en particulier ait obéi à ces lois si étrangères à nos sentiments. Nous ne trouvons pas dans l'histoire de notre race de documents suffisants pour consentir à cette interprétation.

Dans la Bactriane, déjà la « *gens* » s'annonce sous le principe du père de famille, et les plus anciennes légendes des Aryas reflètent elles-mêmes le souvenir d'un progrès accompli. Elles

(1) On retrouve certainement de nombreux indices du droit de la mère dans les contrées les plus distantes du globe : aux îles Mariannes, en Amérique et chez plusieurs peuplades nègres. Mais les faits recueillis jusqu'à ce jour ne permettent pas encore d'affirmer un système régulier et général, qui serait par exemple la caractéristique de la race nègre ; et, en ce qui concerne les populations aborigènes des Mariannes et de l'Amérique, de fortes présomptions viendraient indiquer qu'elles sont, soit des rameaux, des races brunes, soit les restes de races proches parentes dans une très-haute antiquité.

représentent l'enfant comme « tombé » du sein maternel et
« relevé » par le père qui court avec lui autour de la flamme du
foyer, ce premier autel domestique, le purifiant ainsi du *péché*
de sa naissance. Cette tache originelle, propre aux races cha-
mitiques, où la malédiction suit l'homme dans sa route sur la
terre, est effacée chez les Arŷas, chez qui le père « relève
l'enfant de sa chute. » Nos ancêtres, antérieurement à leurs
migrations, ont été en relations avec les Céphènes (de vieilles
traditions rapportent une lutte entre des dieux chthoniens et des
dieux solaires nouveaux), et presque toujours, au contact des
races brunes, ils ont montré une répulsion décidée pour les peuples soumis aux déesses de la reproduction. Leur monde intel-
lectuel gravitait autour de lois plus nobles, celles de l'esprit
immatériel qui dédaigne le fait brutal de la création (1). Au nom
de l'affinité morale, victorieuse de la parenté purement physique, le père, chez eux, est un ami pour son fils et non pas un
étalon.

Partout où les Arŷas se sont établis, ils ont introduit avec eux
la famille gouvernée par le père : famille chaste, dans laquelle
la femme, ni esclave, ni souveraine, mais compagne respectée
du maître, relevait, comme les enfants, du chef commun. Quand
sur quelques points et exceptionnellement, comme en Lycie, ils
ont transigé avec les peuples vaincus, ils ont transformé la
société ancienne : continuant les honneurs à la mère, ils ont
détrôné, humilié la déesse Hétaïre (1).

L'idée saillante de la légende grecque, c'est l'innovation d'un
droit, et le souvenir de la résistance est seul resté dans la
mémoire populaire. Avec les Hellènes, un culte nouveau remplace violemment celui de l'Aphrodite orientale (2). Les héros

---

(1) Voy. sur les anciennes légendes des Arŷas, les beaux travaux de M. d'Eckstein.
« Les déesses de l'accouplement, dit-il, les dieux phalliques qui épousaient leurs
propres enfants, un état religieux qui acceptait l'union du frère et de la sœur, en la
ramenant aux dieux, révoltaient leur conscience. « Nous, les purs, s'écrient les
» Arŷas, comment pourrions-nous être les frères de nos mères ! »

(2) La Tarente hellénique s'est élevée sur une colonie mynienne de Krétois.
L'oracle avait déclaré que le sort de la nouvelle patrie dépendait de la destruction
complète de l'ancien culte d'Aphrodite.

du principe apollinaire, Diomède. Ulysse, Ménélas, parcourent successivement dans leurs Erreurs les pays où règne une civilisation hétérienne : Chypre, Phénicie, Egypte, Ethiopie, Lybie ; ils reviennent de la guerre de Troie, expédition entreprise contre les colonies asiatiques par une race plus morale, sous le prétexte officiel de venger le déshonneur du lit conjugal.

. . . .

Si nous nous sommes séparés, sur quelques points, de la théorie de M. Bachofen, son œuvre n'en demeure pas moins un monument de la plus ingénieuse critique dont ait à s'honorer la science allemande ; la voie nouvelle qu'il a ouverte sera certainement fertile en explorations. Sa méthode, appliquée aux recherches ethnographiques, conduirait peut-être à la solution que nous avons esquissée du problème des races brunes, dont l'histoire est encore à faire.

L'étude du système religieux des populations, chez qui nous avons reconnu le droit maternel, a inspiré les pages les plus savantes de notre auteur. L'étendue que ce sujet eût réclamée nous a empêchés d'en donner l'analyse. Mentionnons seulement que ces religions réunissaient sous une même loi la naissance et la mort, comme les deux pôles extrêmes entre lesquels se meuvent les choses. La force chthonienne apparaissait à la fois comme créatrice et destructive ; et, comme telles, ses personnifications, les déesses, présidaient à la production et à la destruction (1). Le monde d'où jaillissait la vie était lui-même compris comme un grand œuf, forme première des choses au sortir du chaos, et dans lequel tout être vivant retournait subir une nouvelle incubation. Partant, la vie et la mort possédaient un même symbole : l'œuf de la Grande Mère.

C'est aux populations de cet âge religieux que se rapportent les

____

(1) Les Erinnyes représentantes de la Grande Mère sont en même temps les déesses de la mort. Vénus, comme Libitina, préside aux funérailles ; un souvenir de l'Orient (Artemis-Enyo). — L'empire de la mort commence à la naissance, et sous l'influence de cette conception religieuse, les emblèmes de la génération se gravent sur les tombeaux (Etrurie). — Priape reçoit sur certaines inscriptions sépulcrales le nom de *mortis et vitæ locus*.

vastes nécropoles découvertes en Corse (1). Les fouilles exécutées
dans l'île ont mis au jour de grands œufs en terre cuite, con-
tenant des corps humains repliés sur eux-mêmes dans une
posture assise et emmaillotés de bandes d'étoffe. (Ces urnes
n'offraient aucune trace de soudure, et le couvercle était rajusté
avec tant de soin, que l'œuf paraissait entier). Au rapport de
Diodore, les habitants des îles Baléares suivaient le même mode
d'ensevelissement. On a également retrouvé à Babylone, des
urnes en terre cuite, où les corps étaient déposés dans l'attitude
de l'enfant dans le sein de sa mère. Ces sarcophages gisaient
sous le lit de l'Euphrate, adhérents aux plus anciennes substruc-
tions chaldéennes. Plusieurs peuplades américaines enfermaient
aussi les cadavres dans des jarres en terre, et les anciens
Péruviens donnaient aux corps la même position utérine, qui
consistait à replier les genoux sous le menton (2).

. . . .

Les religions de cette antiquité étaient généralement sombres,
pleines de terreurs et de mystères, contrastant fortement avec les
nobles et saines conceptions des Arŷas. Avec ceux-ci cesse
momentanément la frayeur trans-sépulcrale (qui devait reparaître
plus tard, toujours sous l'influence de l'Orient) et la grande joie
grecque commence. L'idée de la mort se dégage de celle de la
corruptibilité, et le drame hideux sous terre est remplacé par les
flammes du bûcher : on n'enterre plus, on brûle. Dans la Délos
d'Apollon, aucun corps ne pouvait être inhumé. La Sphynx (3)
est vaincue par un Grec. Le sphynx est le lugubre souvenir des
cultes de l'âge féminin, des peurs et des condamnations reli-

(1) P. Mérimée. Voy. en Corse.

(2) Nous nous occuperons ultérieurement des populations indigènes de l'Amérique,
qui pourraient bien se rattacher aux races brunes. Comment auraient-elles été en
communication les unes avec les autres? C'est là une grosse question ethnographique
et géographique que nous n'avons pas la prétention de résoudre. Mais, sans chercher
à soulever de nouveau cette Atlantide qui a peut-être vu le soleil, de fortes raisons
invitent l'esprit le moins audacieux à chercher les liens d'une connexité nullement
imaginaire.........

(3) En grec : *la Sphinx*.

gieuses. Cette prêtresse de la Mort, dont la tête est d'une déesse, les seins d'une jeune femme, et le corps d'un animal inférieur, arrête l'homme dans sa route. Elle est ce qui empêche : la femme, appuyée sur une Religion. Œdipe, une de ces grandes victimes qui, au prix de leurs souffrances, arrachent l'humanité à des dieux inutiles et vieillis, détruit la puissance fatale : il inaugure une civilisation supérieure, et fonde une société d'hommes.

Genève, avril 1867.

Toulouse. — Imprimerie de Bonnal et Gibrac. rue Saint-Rome, 44.